企业会计实务直达车

酒店会计实务直达车

陈玉菁　李　艳　编著

立信会计出版社

图书在版编目(CIP)数据

酒店会计实务直达车/陈玉菁,李艳编著. —上海:
立信会计出版社,2009.6
(企业会计实务直达车)
ISBN 978 - 7 - 5429 - 2273 - 1

Ⅰ.酒… Ⅱ.①陈… ②李… Ⅲ.饭店—财务会计
Ⅳ.F719.2

中国版本图书馆 CIP 数据核字(2009)第 071206 号

策划编辑　　戎其玉
责任编辑　　方　辉
封面设计　　周崇文

酒店会计实务直达车

出版发行	立信会计出版社			
地　　址	上海市中山西路 2230 号	邮政编码	200235	
电　　话	(021)64411389	传　真	(021)64411325	
网　　址	www. lixinaph. com	电子邮箱	lxaph@sh163. net	
网上书店	www. shlx. net	电　话	(021)64411071	
经　　销	各地新华书店			

印　　刷	常熟市梅李印刷有限公司
开　　本	787 毫米×1092 毫米　1/16
印　　张	9.75
字　　数	99 千字
版　　次	2009 年 6 月第 1 版
印　　次	2015 年 8 月第 3 次
印　　数	6 101—7 200
书　　号	ISBN 978 - 7 - 5429 - 2273 - 1/F
定　　价	19.00 元

如有印订差错,请与本社联系调换

总　序

新企业会计准则体系的颁布顺应了经济全球化和完善社会主义市场经济体制的形势要求，它的实施将逐渐提高我国上市公司的会计信息质量，降低企业信息报告成本和融资成本，并推动我国会计工作的国际化步伐。该规范体系的应用需要会计人员具有更高的职业判断能力，因此培训多层次、各方面的会计人才是个长期的任务。在促进与国际惯例趋同、等效和稳定发展资本市场的同时，还需要适应不同类型、行业的各种企业，以推进各行各业整体会计工作水平的提高。

当前，按新企业会计准则编写的教材和诠释新企业会计准则的培训资料五彩纷呈，基本可以满足我国上市公司和一般企业培训的共性需要。但是，我国的企业种类繁多，还有大量中小企业，特别是新兴行业和具有特色的行业，也需要具有针对性的特色培训教材，以解决会计工作一般性与特殊性之间的差异。

酒店业、连锁企业、物业服务企业都是新兴行业，这些企业会计工作实务的特殊性却被普通的会计教材所忽略。"企业会计实务直达车"丛书的创意使人眼前为之一亮，本丛书填补了会计培训教材的某些真空地带，及时地适应和满足了各方面的需求。本丛书在结构上具有独立的特色体系，紧紧围绕行业管理的特色，讲述会计核算的流程与方法。

对于酒店业，结合其组织机构的设立建立它的核算体系，既讲述了各部门的经营活动和核算过程，又阐明了各部门之间的经营关系和业务流程，全面地论述了酒店会计的核算内容和会计核算体系。

　　对于连锁企业,则按照连锁企业经营的模式编写,同时突出了内部会计控制的重要性,从货币资金、存货、销售三方面阐述连锁企业内部会计控制的内容与方法。由于连锁企业是商业企业的一种经营方式,因此也介绍了商业企业成本核算的一般方法。

　　对于物业管理这一新兴的服务行业,为突出其具有集管理、经营与服务为一体的特色,本丛书按照《物业管理条例》的要求,同时根据新《企业会计准则》的规范,全面地阐述了其相应的会计核算内容与方法,富有创新性。

　　综观本丛书,它结合各行业的管理特色和需要,结构新颖,内容独特,简单明了,从企业管理和财务管理出发,讲述会计实务,具有独到之处。

　　本丛书定位于普及性读物,针对酒店业、连锁企业、物业服务企业的会计人员提高自身业务水平的需要,在写作上突出会计实务的讲解,具有深入浅出、通俗易懂、易于操作、富有实用性的特点。值得一提的是,本丛书每章末附有的案例,有利于提高读者分析问题与解决问题的能力。

　　南宋大诗人陆游曾说过:"古人学问无遗力,少壮功夫老始成。纸上得来终觉浅,绝知此事要躬行。"所以读书要与实践相结合,写书也要为指导实际工作服务。欣喜地看到本丛书作者深入实践、调查研究,为我国会计教育的发展尽自己所能。我国管理会计学泰斗余绪缨教授多年来以历史学家范文澜教授倡导的"板凳甘坐十年冷,文章不写一句空"的治学精神要求学生,我们都尊其教导,愿为作序,并以此精神共勉。

张明明　教授

2009 年 6 月

前　言

　　我国实行改革开放政策以后，随着经济的突飞猛进，旅游业得以蓬勃发展。而作为旅游经济的支柱产业之一，我国酒店业亦随之兴旺发达。在短短的二十多年时间里，我国现代酒店业经历了起步、发展，到进入现代化管理水平三个阶段，跨越了世界现代酒店业百年的发展历程，取得了令人瞩目的骄人成绩。与此同时，酒店业所面临的竞争压力也是非常巨大的。在实务中，作为酒店相关部门的管理人员需要对财会知识有所了解，否则不可能胜任现代酒店经营中的管理职责。与此相联系，酒店对于会计人才的需求急剧增长，对会计核算的规范性提出了更高的要求。因此，有相当一部分酒店会计人员或准备从事酒店会计工作的人员，希望能有一本普及性读物，帮助他们迅速了解、掌握酒店业的日常账务处理，提高业务水平。本书正是在这一背景下写成，并奉献给广大读者。

　　本书作为酒店业会计核算的普及性读物，力求深入浅出、易于操作、即查即用，强调实用性。

　　本书在编排上与众多同类读物不同的是，本书按照酒店的不同部门分别介绍其会计核算的内容。这不仅有利于读者较好掌握该部门的经营活动和经营成果的计算过程，而且有利于了解本部门经营活动与其他部门间的联系，有利于全面了解酒店的会计核算内容和会计核算体系。

　　本书在写作中注重文字通俗易懂，例题简单明了。同时为易

于读者理解与应用，基本上每一章都配有"小贴士"作为相关内容的注解或资料引用。每章末附有的成功案例借鉴或分析，则是让读者在提高阅读兴趣的同时，提高分析问题与解决问题的能力。

本书在出版过程中得到立信会计出版社余榕、方辉等老师的大力支持和帮助，在此，表示衷心的感谢。

由于作者水平有限，书中难免存有不当之处，恳请广大读者和专家批评指正。

陈玉菁　李　艳

chenyujing1011@163.com

2009 年 6 月

目　　录

酒店会计实务直达车

目
录

第 1 章

概　述

引言

当我们走在大街上,我们会发现酒店随处可见,酒店业作为一个欣欣向荣的产业已经进入我们的生活,为我们提供了极大的方便。在人类历史上,酒店业是一个古老而长青的产业。酒店业在商品生产出现之后经历了漫长的发展过程。商品交换刺激人们进行贸易和旅游活动。由于外出,产生了食宿的需求。大约在古希腊和古罗马时期就已经出现了简单的客栈,其后经历了大酒店时期、商业酒店时期,一直发展到现代新型酒店时期。

1.1 酒店的概念、类别与等级

1.1.1 酒店的概念

酒店(hotel)一词源于法语,其最初的含义是贵族招待宾客的乡间别墅,后来欧美酒店业沿用这一名称来指所有商业性的住宿设施。在中文里表示住宿设施的称谓很多,如"酒店"、"饭店"、"宾馆"、"旅馆"、"度假村"、"大厦"、"会所"等。在东南亚、中国的港澳地区,人们又习惯将其统称为酒店。这些不同的称谓反映了各自的特色,但其基本功能总是服务于旅居者的住、食及其他综合服务,这是酒店的共性。

国外的一些权威词典对酒店下过这样的定义:

酒店是装备好的公共住宿设施,它一般提供膳食、酒类与饮料以及其他的服务(美利坚百科全书)。

酒店是提供住宿、膳食等而收取费用的住所(牛津插图英语词典)。

酒店是在商业性的基础上向公众提供住宿,也往往提供膳食的建筑物(大不列颠百科全书)。

根据上述定义可见,作为一个酒店,应该具备以下条件:

(1) 它是由建筑物和装备好的设施组成的专门接待场所。

(2) 它必须提供住宿、餐饮和其他服务。

(3) 它的服务对象是公众。

(4) 它是商业性的,以盈利为目的。

基于以上认识,可将酒店的概念归纳为:酒店是以接待性建筑设施为依托,为公众提供食宿及其他服务的商业性服

务企业。

1.1.2 酒店的类别与等级

由于历史的演变,传统的沿袭,地理位置与气候条件的差异,以及酒店用途、功能、设施的不同,世界上绝大多数国家都对酒店进行分类并评级,以利于酒店的市场营销和对经营结果好坏的比较。

1. 酒店的类别

英国萨里大学酒店、餐饮与旅游管理系主任、旅游学家迈德利克教授(S. Meduic)在所著的《酒店业》一书中,列举出十种酒店分类方法。本书只介绍传统分类法。

按照传统分类法,酒店可分为四种类型。

(1)商务型酒店。商务型酒店以接待从事商务活动的客人为主,主要是为商务活动提供服务。选择这类酒店的客人一般对酒店的地理位置要求较高,要求酒店靠近城区或商业中心区。这类酒店其客流量一般不受季节的影响而产生大的变化。商务型酒店的设施设备齐全、服务功能较为完善,因此是商务人士的首选。

(2)度假型酒店。度假型酒店以接待休闲度假的客人为主,多兴建在海滨、温泉、风景区附近。经营特点不仅要满足旅游者食宿的需要,还要求有公共服务设施,以满足旅游者休息、娱乐、购物的综合需要,使旅游度假生活丰富多彩、得到精神上和物质上的享受。其经营的季节性较强,在夏季或本地区有独特风景时游客较多。

(3)长住型酒店。长住型酒店通常为租住者提供较长时间的食宿服务,租住者多为商社、公司,用其作为他们的办公地点、商业活动中心。此类酒店客房多采取家庭式结构,以套房为主，房间大者可供一个家庭使用，小者有仅供 1 人使用的单人房间。它既提供一般酒店的服务，又提供一般家庭的服务。

（4）会议型酒店。会议型酒店是以接待各种会议团体为主的酒店，除食宿娱乐外还为会议代表提供接送站、会议资料打印、录像摄像、旅游等服务。会议型酒店要求有较为完善的会议服务设施，如大小会议室、同声传译设备、投影仪等，以及功能齐全的娱乐设施。

【小贴士 1-1】 酒店按计价方式分类

（1）欧式计价酒店。客房价格仅包括房租，不含食品、饮料等其他费用。世界各地绝大多数酒店均属此类。

（2）美式计价酒店。客房价格包括房租以及一日三餐的费用。目前，尚有一些地处偏远的度假型酒店仍属此类。

（3）修正美式计价酒店。客房价格包括房租、早餐以及一顿正餐（午餐或晚餐）的费用，以使宾客有较大的自由来安排白天活动。

（4）欧陆式计价酒店。客房价格包括房租及一份简单的欧陆式早餐，即咖啡、面包和果汁。此类酒店一般不设餐厅。

（5）百慕大计价酒店。客房价格包括房租及美式早餐的费用。

2. 酒店的等级

酒店的等级是指由各国政府或权威机构根据酒店的建筑、设施、清洁卫生、服务质量等标准，将酒店划分为不同的等级，以不同的标识加以表示，并在饭店的显著位置上公诸于众。其目的为：便于不同层次的客人选择适合自己要求的酒店，便于行业的管理和监督，有利于酒店业自身的发展，有

利于增强员工的责任感、荣誉感和自豪感。

目前各国和地区采用的等级制度各不相同，用以表示级别的标志与名称也不一致。归纳起来大致有以下几种。

（1）星级表示法。即依据一定的标准评定酒店的等级，然后用星号表示出来。星越多等级越高。星级表示法在世界上被普遍采用，如法国酒店分为1～5星级，我国酒店也是采用五星级。

（2）字母表示法。有些国家和地区将酒店的等级用字母A、B、C、D、E来表示。A为最高级，E为最低级，如希腊、奥地利等国。

（3）数字表示法。有些国家和地区将酒店的等级用数字1、2、3、4、5来表示。1为最高级，5为最低级，如意大利、阿尔及利亚等国。

此外还有其他的一些等级分类方法。例如，瑞士的酒店以价格分为1～6级，我国台湾地区则分为国际观光和观光两类。

【小贴士1-2】　我国酒店的星级评定

我国酒店的星级评定，主要按照酒店的建筑、装潢、设备设施条件和维修保养状况、管理水平和服务质量的高低、服务项目的多寡，进行全面考虑，综合平衡将酒店划分为1～5星级。

一般来说，五星级酒店属豪华级酒店，其设备设施与服务均要体现现代化特色。四星级酒店亦称一流酒店，其设备设施和服务均应满足经济地位较高的上层消费者的需求。三星级酒店一般为中档或中高档酒店，服务水准较高，服务质量较好。二星级酒店为中低档酒店，能满足一般社会公众或家庭旅游者的需求。一星级酒店属经济档，其设备设施和服务能满足普通消费者的基本需求。

1.2 酒店业的产生与发展

1.2.1 酒店业产生与发展的阶段

生产力的发展促进了酒店业的发展。货币的产生促使商品交易及商人的商业活动,这种活动的产生是酒店业发端的必备条件,后来随着商品交易活动使人类活动的范围扩大,商人们便产生居住等更多的需求,也就使酒店的基本功能日益增加,这从酒店的四个发展阶段不难发现。

1. 客栈时期

客栈产生于 18 世纪前,其设备简陋,安全性差,仅能提供住、吃,服务质量差。

2. 大酒店时期

大酒店产生于 19 世纪初,当时英国的产业革命促进了生产力的发展,使人类社会进入工业时代。第一家豪华旅馆别墅在法国建成,此时酒店的接待对象主要是王公贵族、达官显贵、商人、上流社会度假者,接待目的为非盈利,常建于城市、铁路沿线。同时由于蒸汽机的出现,商品的进一步丰富,交通也开始发达,从而导致酒店的开设位置有所变化。

3. 商业酒店时期

在 20 世纪初至第二次世界大战期间,第一家商业酒店在美国出现,其位置在于城市中心或公路旁,此时的酒店已能提供舒适、便利、清洁的服务,安全为其服务宗旨,价格也合理。此时汽车酒店已开始出现。

4. 现代酒店时期

现代酒店始于 20 世纪 40 年代，直到现在。此时的酒店具有一些明显的特点，如酒店连锁经营。酒店的市场定位更为专业化、各类型酒店充分利用高科技（在客房装上互联网、使用新型的装饰材料等），同时，酒店根据宾客的要求提供更为个性化的服务。

1.2.2　中国酒店业的发展与前景

我国是世界上最早出现酒店的国家之一。数千年来，中国的唐、宋、明、清四朝被认为是酒店业得到较大发展的时期。19 世纪末，中国酒店业进入近代酒店业阶段，但此后发展缓慢，直到 20 世纪 70 年代末，中国推行改革开放政策以后，酒店业才开始快速发展。

1. 酒店设施

中国现代化的酒店设施由三部分内容组成：

（1）经过改造的旧饭店。

（2）新中国成立以后建造的宾馆、饭店和招待所。

（3）20 世纪 90 年代以后新建的现代化新型酒店。

2. 酒店管理

中国现代化的酒店管理分为以下三个阶段：

（1）由事业单位招待型走向企业单位经营型管理。

（2）由经验型走向科学化管理。

（3）按照国际惯例开展星级评定制度。

3. 我国酒店业的发展前景

根据我国国家旅游局统计，预计到 2015 年我国将有 200 000 家新酒店、高级旅馆落成。从整个经济发展情况来看，我国旅游业前途光明。联合国世界旅游组织预测，2015

年中国将成为世界第一旅游接待国、第四大旅游客源国；中国入境过夜旅游者将达到 1 亿人次；国内旅游者将达到 28 亿人次；居民人均出游两次，出境旅游将达到 1 亿人次；旅游市场总量将达到 30 亿人次。已经过去的 2008 年北京奥运会，吸引了来自世界各地众多的参观者和游客到中国来，大大促进了我国旅游业的发展。即将到来的 2010 年上海世博会和 2012 年广州亚运会，也将是促进我国旅游业发展的一个好机遇。旅游业的发展将带动我国酒店业的发展。我国经济的持续向好发展也给酒店业的发展提供了夯实牢固的基础。

1.3　酒店会计核算概述

1.3.1　酒店会计核算的内容

酒店会计同其他企业会计一样，核算的内容包括资产、负债、所有者权益、收入、费用和利润。但酒店会计核算又有其独特的内容。由于酒店大致分为客房部、餐饮部、康乐部和商场四个部门，因此每个部门的核算内容和侧重点不一样。

1. 客房部的主要核算内容

客房部是酒店收入的主要部分，它主要核算房金、加床、电话、洗衣，以及物料用品和一次性物品的消耗。

2. 餐饮部的主要核算内容

餐饮部主要核算餐饮收入与成本（如房客的早餐、午餐和晚餐，以及宴会用餐和包场等）、原材料成本（如原材料采购、入库、保管、领用和出售等）等。

3. 康乐部的主要核算内容

康乐部核算的内容比较复杂,主要包括舞厅、蒸汽浴、电子游戏室和酒吧的核算等。

4. 商场的主要核算内容

有的酒店会下设商场,由酒店自行经营或租赁给其他人员经营。商场主要核算商品的购进、销售,或进行委托代销商品的核算。

酒店会计的基本核算内容及框架见图 1-1。

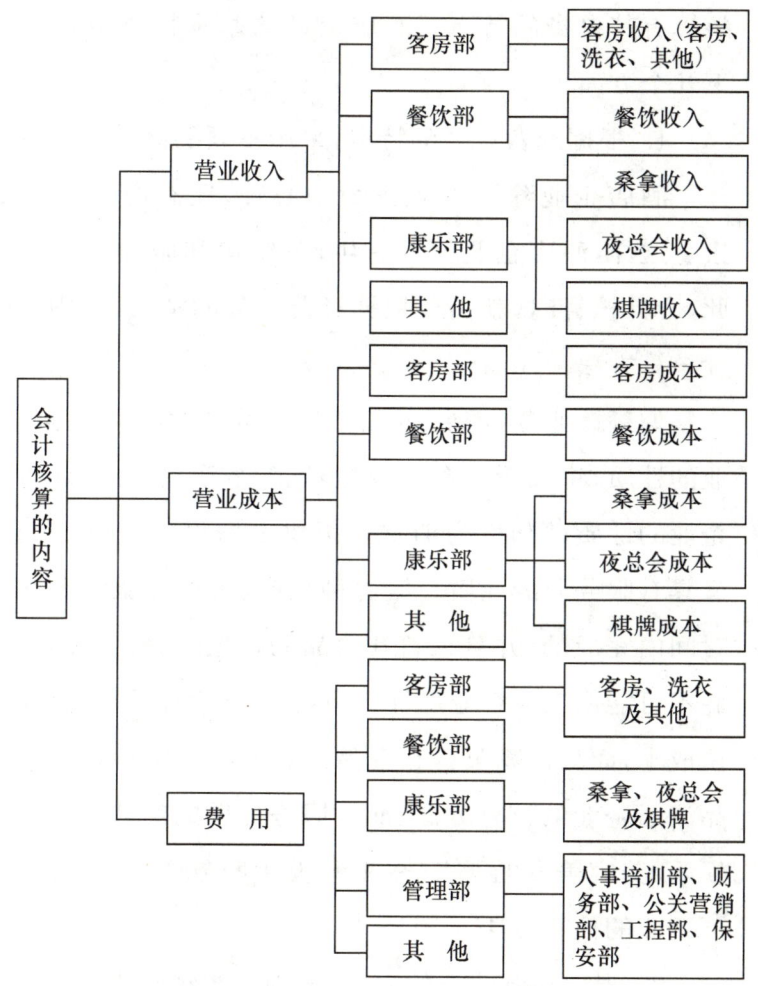

图 1-1　酒店会计基本核算内容及框架

1.3.2 酒店会计核算的特点

酒店会计是对酒店在经营活动中发生的经济业务进行核算和监督的一门行业会计。作为企业会计之一的酒店会计要按照国家统一制定的《企业会计准则》进行会计核算,其会计核算的方法、会计循环的程序和会计报表的格式、编制等都与其他企业会计没有根本性的差别。但是,由于酒店会计经营活动的方式和内容有别于其他企业,所以,酒店会计核算有其自身的特点。酒店会计的基本特点主要反映在以下几个方面。

1. 根据经营业务的特点,采用不同的会计核算方法

酒店企业除了以服务为中心外,还有商品的加工和销售。这样,酒店企业就具有生产、销售和服务三种职能。因此,会计核算时,就需要根据经营业务的特点,采用不同的会计核算方法。

如餐饮业务,需要加工烹制菜肴和食品,这具有工业企业的性质;将菜肴和食品供应给消费者,这又具有商品流通企业的性质;同时,为消费者提供消费设施、场所和服务,这又具有服务业的性质。但这种生产、销售和服务是在很短的时间内完成的,并且菜肴和食品的花色品种多、数量零星,因此不可能像工业企业那样区分产品,分别计算其总成本和单位成本,而只计算菜肴和食品的总成本。销售业务则采用商品流通企业的核算方法;而纯服务性质的经营业务,如客房、娱乐、美容美发的业务,一般只发生服务费用,因此应采用服务企业的核算方法。

2. 根据经营业务的内容,分别考核经营成果

酒店业是一个新兴的综合性社会服务行业。为了充分

满足旅客吃、住、行、游、购、娱等方面的要求，一些中高档酒店一般为旅客提供全方位、综合性的服务项目。例如，一些酒店的经营业务不仅有客房、餐饮服务，还涉及商务、销售、美容、娱乐、健身、导游及交通等多个领域。又如，有些酒店既经营自制食品，又经营外购食品。这种涉及面广、业务内容复杂的情形反映到会计核算上，就要求分别考核各类经营业务的经营成果，分别核算和监督各项经营业务的收入、成本和费用情况，最后加以汇总。

3. 现金结算方式多，需要采用相应的核算方法和管理制度

酒店日常收入的结算以现金结算为主，尤其是现钞结算。随着现代科技的发展，银行卡、信用卡、餐卡等结算方式也已十分普及。在现金结算方式多种多样的同时，也存在着一定的风险，因此，酒店企业的会计部门应采取相应的核算方法和管理制度。

4. 酒店会计核算的涉外性

随着我国改革开放政策的实施，有相当多的酒店有外汇货币收入。在会计核算时，应按照国家外汇管理条例和外汇兑换的管理办法，办理外汇存入、转出和结算的业务，计算汇兑损益。

1.3.3 酒店财务操作流程与机构设置

1. 酒店财务操作流程

酒店的经营活动是一个周而复始的循环过程。酒店应按照业务循环设置相应的操作流程，在各个操作环节中设立相互制约的职能岗位，并从各项管理职能出发，在各个部门之间进行合理的分工，以达到提高工作效率的

目的。而作为综合反映酒店经营活动重要工具的会计，必须在反映酒店经营活动全貌、符合酒店经营特点的基础上，建立相应的财务操作流程，并以此融入酒店的业务系统和管理系统。图 1-2 和图 1-3 分别是两家酒店的财务操作流程。

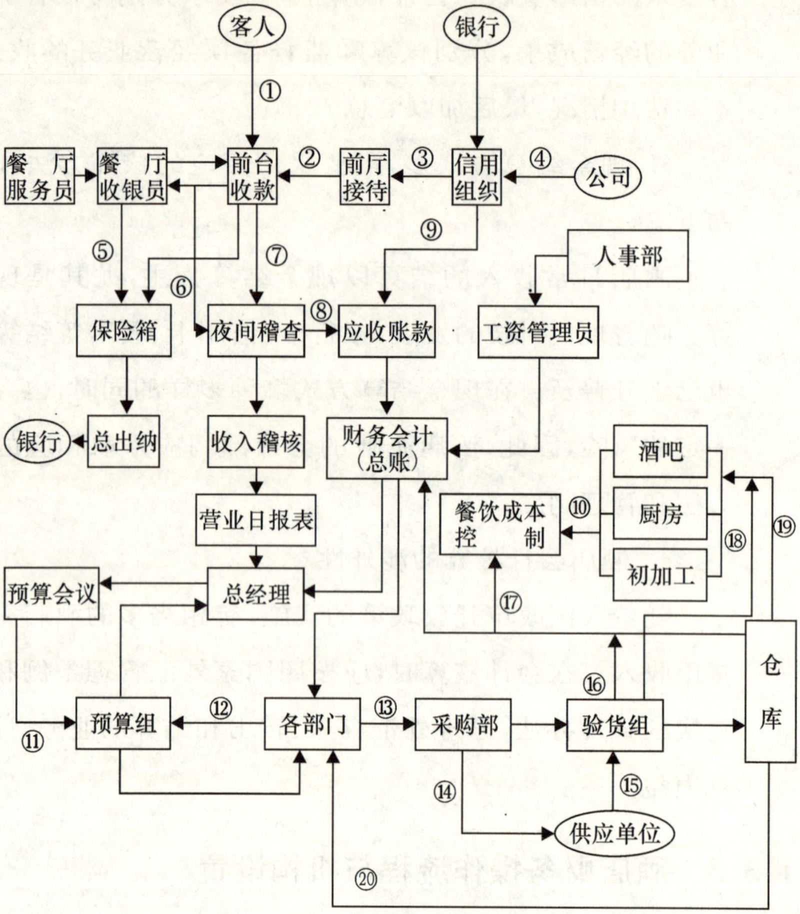

图 1-2　甲酒店财务操作流程

说明：① 结账；② 输入；③ 批准信用后接待客人；④ 申请信用；⑤ 现金；⑥ 每日报告；⑦ 客户信息每日报告；⑧ 公司账；⑨ 开收据冲应收款；⑩ 内部转账；⑪ 审批预算；⑫ 编制预算；⑬ 采购；⑭ 订单；⑮ 送货；⑯ 验货报告；⑰ 发票、验货单、领用单；⑱ 直拨；⑲ 领用；⑳ 领用。

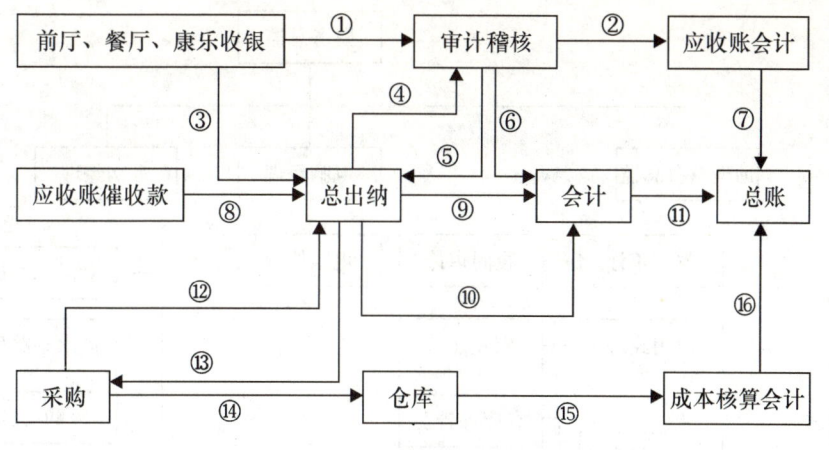

图 1-3　乙酒店财务操作流程

说明：① 有关账单、缴款凭证送审计审核；② 审核无误后的相关收入报表；③ 营业收到的款项上缴出纳；④ 收款业务有关单据送审计审核；⑤ 审计审核后有关单据退回出纳；⑥ 审计审核后有关报表资料送会计进行账务处理；⑦ 编制出会计报表相关分析资料；⑧ 应收款上缴；⑨ 收入款项解缴银行汇总后送会计进行账务处理；⑩ 付款业务有关凭证送成本核算会计进行账务处理；⑪ 编制出会计报表及相关分析资料；⑫ 采购员购物借款；⑬ 审批手续完毕出纳办理报销；⑭ 采购物资办理进仓手续；⑮ 进出仓库业务有关凭证送成本核算会计处理；⑯ 编制出会计报表及相关分析资料。

2. 酒店财务机构设置

酒店财务机构和人员设置一般可根据酒店规模的大小及所负责的业务内容来决定。规模较大的酒店财会部门，可按前厅结账、费用成本核算、物资管理、综合分析等几个方面进行具体分工。图 1-4 是实行一次性结账和财务统管的酒店财会部门的机构设置，图 1-5 是某外资酒店财会部门的机构设置。

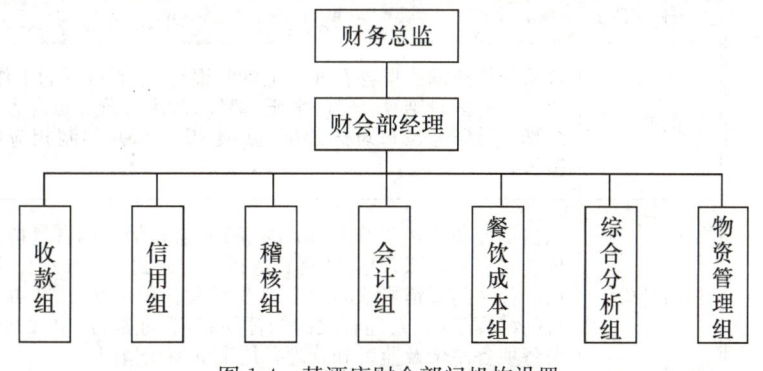

图 1-4　某酒店财会部门机构设置

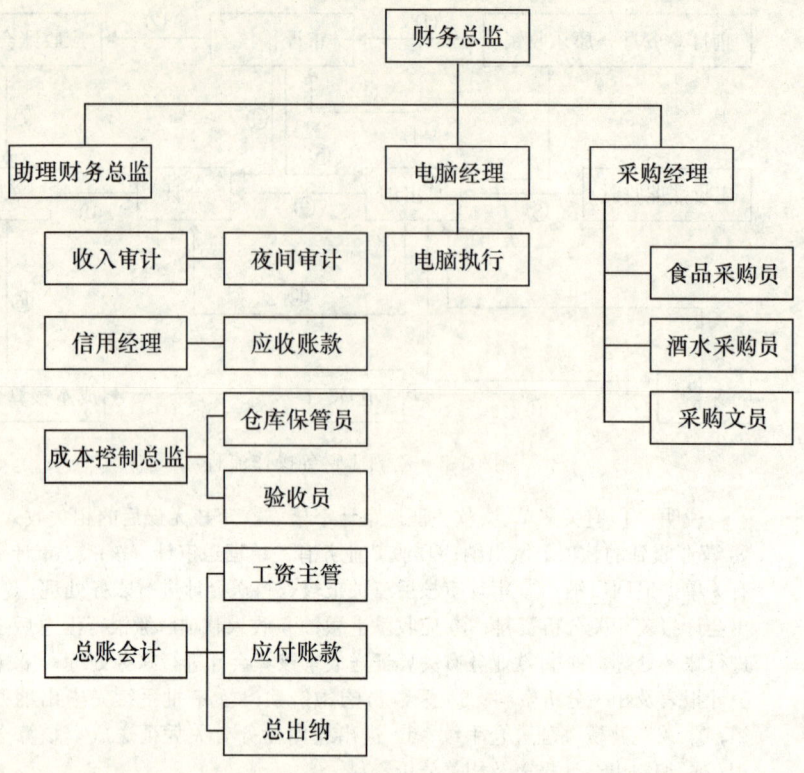

图 1-5　某外资酒店财会部门组织机构

　　酒店财务部的内部机构设置在不同的酒店会有区别,但其主要的岗位设置及职能应该说是大致相同的。表 1-1 是某酒店财务部门内部 9 个岗位的设置及其相关的职能。

表 1-1

某酒店财务部门内部岗位设置及职能

岗　位	职　　　能
收银处	收银处是指酒店里各营业点上的收银台,主要负责的工作是:入住客人的消费结算;餐厅、酒吧、舞厅、商场等营业点客人的消费结算;结算每天、每班的票据、款项和账单,并编制相应的营业报告。
总出纳处	总出纳处负责的工作是:收集、整理、点核饭店内各处收银台的现金收入和转账票据,并将其存银行或到银行办理托收;支付饭店各部门报销账款的现金以及签发各种付款支票;办理同银行的结算事项,处理有关的结算问题,管理银行账户的收支;准备各项备用金及监督和管理备用金的使用情况。

岗　位	职　能
收入稽核处	收入稽核处分为夜间稽核和日间稽核两部分，其主要的职责是：审核各部门及各收银点交来的营业收入的原始单据、报表等资料；将酒店的所有营业收入账单进行整理、分类和汇总，编制营业日报和营业月报；分析和统计各种营业收入，向总经理及有关部门的负责人提供准确的经营信息；保管各部门、各班次的营业报告及其附件、原始单据。
信贷收账处	信贷收账处负责的工作是：在总经理及财务总监、财务部经理的领导下参与酒店信贷政策的制定工作；调查申请信贷优惠的单位或个人的资信情况及结算记录；审核、记录、催收、管理和控制各类应收账款；计算和审核各旅行社的回扣；处理客户的预付款，处理各类坏账及账单。
成本处	成本处负责的工作是：核算和控制酒店的各项营业成本开支；检查、验收进货；管理控制各类存货。
计薪处	计薪处负责的工作是：计算和发放员工的各种薪金、津贴；根据人事部门的通知计发离店人员的薪金；负责员工薪金的分配入账工作；编制并上报有关工资方面的报表或报告。
应付账处	应付账处负责的工作是：审核、计算和记录除薪金之外的所有支出；保管各种应付账的账册、记录和原始单据；为符合付款条件的供应商办理支付手续；与供应商定期对账。
总账处	总账处负责的工作是：审核记账凭证及所附的原始单据；核算总分类账户并检查、核对各明细分类账；编制各种会计报表、财务情况说明和财务预算；分析和研究每期的财务状况并作出经营预测报告；整理和保管会计档案。
计算机处	计算机处负责的工作是：酒店计算机系统及收银设备的日常保养和维修；编制或修改会计计算机程序及进行数据输入；协助财务部门内各岗位人员编制和打印各种报表和报告；培训和辅导计算机的使用人员；起草计算机的有关操作规程。

概
述

1.3.4　酒店日常业务会计分录示例

1. 酒店实现营业收入

借：银行存款

其他货币资金——信用卡

应收账款——前台结账组

贷：主营业务收入

其他应付款——代办业务

2. 挂入前台账的营业收入,其中部分回收现金(已解缴银行),旅行社签约挂账款记入"应收账款"账户

借：银行存款

应收账款——旅行社

贷：应收账款——前台结账组

以后旅行社通过银行汇还欠款时：

借：银行存款

贷：应收账款——旅行社

3. 酒店预收定金

(1) 收到定金时：

借：银行存款

库存现金

其他货币资金

贷：其他应付款——定金

(2) 消费结算时：

借：其他应付款——定金

银行存款

库存现金

其他货币资金

贷：主营业务收入

4. 客人凭票券消费

(1) 酒店出售票券时：

借：银行存款

库存现金

其他货币资金

贷：其他应付款

(2) 酒店收到消费票券时：

借：其他应付款

　　贷：主营业务收入

5. 酒店预收消费款

（1）预收消费款时：

借：银行存款

　　贷：预收账款

（2）客人消费时：

借：预收账款

　　贷：主营业务收入

（3）客户补付消费款：

借：银行存款

　　贷：预收账款

（4）退回多付消费款：

借：预收账款

　　贷：银行存款

6. 收到的信用卡上缴银行办理结算，按协议支付银行手续费

借：银行存款

　　财务费用——银行手续费

　　贷：其他货币资金——信用卡

7. 向银行购买支票及支付电汇手续费

借：财务费用——银行手续费

　　贷：银行存款等

8. 收到银行存款利息

借：银行存款

　　贷：财务费用

9. 收银员借备用金

借：其他应收款

　　贷：库存现金

以后收回备用金：

借：银行存款等

贷：其他应收款

10. 现金支付管理部门员工顾红出差借款、支付管理部门电话费，退还员工押金

借：其他应收款——顾红

管理费用——电信费

其他应付款——员工押金

贷：库存现金

顾红出差回来后，报销部分费用，返回部分现金：

借：管理费用——差旅费

库存现金

贷：其他应收款——顾红

11. 酒店收取供应商的违约金

借：库存现金

贷：营业外收入

12. 出售废旧杂物收到现金

借：库存现金

贷：营业外收入

13. 发生代办业务收到的款项

借：银行存款

库存现金

其他货币资金

贷：其他应付款——代办业务

以后发生代办业务支付款项时：

借：其他应付款——代办业务

贷：银行存款

库存现金

14. 发生的各种应付、暂收款项

借：银行存款等

贷：其他应付款

以后支付各种应付、暂收款项时：

借：其他应付款

贷：银行存款等

15. 支付各项成本、费用

借：主营业务成本

销售费用

管理费用

财务费用

营业外支出

贷：银行存款等

16. 分配当月应发工资

借：主营业务成本

销售费用

管理费用

贷：应付职工薪酬

17. 按规定应代扣代缴的职工个人所得税

借：应付职工薪酬

贷：应交税费——应交个人所得税

以后交纳个人所得税时：

借：应交税费——应交个人所得税

贷：银行存款

18. 发生的罚款支出、捐赠支出

借：营业外支出

贷：银行存款

19. 提取坏账准备

　借：资产减值损失——坏账准备

　　贷：坏账准备

20. 对于确实无法收回的应收款项，经批准作为坏账损失处理

　借：坏账准备

　　贷：应收账款

　　　其他应收款

已确认并转销的坏账损失，如果以后又收回时：

　借：应收账款

　　　其他应收款

　　贷：坏账准备

同时：

　借：银行存款

　　贷：应收账款

　　　　其他应收款

21. 酒店计提营业税和所得税等

　借：营业税金及附加

　　　所得税费用

　　贷：应交税费——应交营业税

　　　　　　　——应交所得税

以后交纳税金时：

　借：应交税费

　　贷：银行存款

22. 酒店向某企业购买物料用品一批，按合同规定先预付货款，收到物资经验收无误后，补付其余物资款

（1）预付货款时：

借：预付账款

　　贷：银行存款

（2）收到物资时：

借：物料用品

　　贷：预付账款

（3）补付款项时：

借：预付账款

　　贷：银行存款

23．向供应商甲购入食品直拨入餐厅厨房；向供应商乙购入食物原材料；向供应商丙购入商品；向供应商丁购入物料用品。货款均未支付

借：主营业务成本——餐饮部

　　原材料

　　　库存商品——进价商品

　　物料用品

　　贷：应付账款——供应商甲

　　　　　　　——供应商乙

　　　　　　　——供应商丙

　　　　　　　——供应商丁

24．餐饮部门领用食物原材料

借：主营业务成本——餐饮部

　　贷：原材料

25．各部门领用物料用品

借：销售费用——客房部

　　　　　　——康乐部

　　管理费用——财务部

　　贷：物料用品

26. 客房部酒吧领用酒类商品（按售价核算）

借：库存商品——售价商品——客房酒吧

　贷：库存商品——进价商品

　　　商品进销差价——客房酒吧

以后酒吧酒类商品若过期报废（按售价核算）：

借：主营业务成本——客房部

　　商品进销差价——客房酒吧

　贷：库存商品——售价商品——客房部酒吧

27. 酒店某月客房部酒吧销售酒类商品，已计算出进销差价

借：主营业务成本

　　商品进销差价——客房酒吧

　贷：库存商品——售价商品——客房酒吧

28. 采用一次摊销的低值易耗品

（1）领用时，将其全部价值摊入有关的成本费用：

借：销售费用等

　贷：低值易耗品

（2）报废时，残料价值冲减有关的成本费用：

借：原材料等

　贷：销售费用等

29. 采用分次摊销的低值易耗品

（1）领用时：

借：待摊费用

　贷：低值易耗品

（2）摊销时：

借：销售费用等

　贷：待摊费用

（3）报废时，残料价值冲减有关的成本费用：

借：银行存款等

　　贷：销售费用等

30．采用售价核算的库存商品发生溢余

（1）按售价与进价的差额：

借：库存商品——售价商品

　　贷：待处理财产损溢

　　　　商品进销差价

（2）若库存商品发生损失：

借：待处理财产损溢

　　商品进销差价

　　贷：库存商品——售价商品

31．每日终了结算现金收支

（1）现金短缺：

借：待处理财产损溢——待处理流动资产损溢

　　贷：库存现金

① 查明原因后属于应由责任人赔偿：

借：其他应收款——××个人

　　贷：待处理财产损溢——待处理流动资产损溢

② 属于无法查明的其他原因：

借：管理费用——现金短缺

　　贷：待处理财产损溢——待处理流动资产损溢

（2）现金溢余：

借：库存现金

　　贷：待处理财产损溢——待处理流动资产损溢

① 查明原因后属于应支付给有关人员或单位的：

借：待处理财产损溢——待处理流动资产损溢

　　贷：其他应付款——××个人或单位

② 属于无法查明的其他原因：

借：待处理财产损溢——待处理流动资产损溢

　　贷：营业外收入——现金溢余

32. 酒店购入不需要安装的机器设备

借：固定资产

　　贷：银行存款

33. 酒店安装闭路监控系统

（1）支付款项时：

借：在建工程

　　贷：银行存款

（2）安装完毕经验收交付使用时：

借：固定资产

　　贷：在建工程

34. 固定资产发生改、扩建

（1）将固定资产账面价值转入在建工程：

借：在建工程

　　累计折旧

　　贷：固定资产

（2）发生改、扩建的后续支出：

借：在建工程

　　贷：银行存款

（3）固定资产改、扩建达到预定可使用状态：

借：固定资产

　　贷：在建工程

酒店会计实务直达车

35. 酒店进行装修，装修支出符合后续支出资本化条件

（1）装修领用材料、发生装修费用时：

借：在建工程

　　贷：原材料

　　　　银行存款等

（2）装修工程达到预订可使用状态交付使用：

借：固定资产——固定资产装修

　　贷：在建工程

（3）在两次装修期间与固定资产尚可使用年限两者中较短的期间内，计提折旧：

借：管理费用等

　　贷：累计折旧

（4）酒店再次重新装修时：

借：营业外支出（相关的"固定资产装修"明细账户仍有账面价值时）

　　累计折旧

　　贷：固定资产——固定资产装修

36. 酒店盘盈各种物资

借：原材料等

　　贷：待处理财产损溢

以后查明原因转销时，应先扣除残料价值、可以收回的保险赔偿和过失人的赔偿，净损失部分计入营业外支出：

借：原材料等

　　其他应收款

　　营业外支出

　　贷：待处理财产损溢

37. 期末将损益类账户的余额,转入"本年利润"账户

借:主营业务收入

　　其他业务收入

　　营业外收入

　　投资收益

　　贷:本年利润

借:本年利润

　　贷:主营业务成本

　　　　营业税金及附加

　　　　其他业务支出

　　　　销售费用

　　　　管理费用

　　　　财务费用

　　　　公允价值变动损益

　　　　营业外支出

　　　　所得税费用

38. 年度终了,将本年收入和支出相抵后结出本年实现的净利润,转入"利润分配"账户

借:本年利润

　　贷:利润分配——未分配利润

亏损作相反分录。

39. 期末提取盈余公积、分配给股东的现金股利或利润等

借:利润分配——提取法定盈余公积等

　　　　　　——应付股利

　　贷:盈余公积

40. 年度终了,将"利润分配"账户下的其他明细账户的余额,转入"利润分配——未分配利润"账户

借:利润分配——未分配利润

　　贷:利润分配——提取法定盈余公积等

　　　　　　　　——应付股利等

借鉴与案例

希尔顿酒店的发展史

1907 年,正当美国发生经济大恐慌的那年圣诞节,一个名叫康拉德·希尔顿、年龄为 20 岁的孩子在美国新墨西哥州圣·安东尼奥镇堆满杂货的土坯房里开办了家庭式旅馆以应付生计并庆祝自己的生日。他对母亲说:"我要集资 100 万美元,盖一座以我命名的新旅馆。"又指着报纸上的一大堆地名说:"我要在这些地方都建起旅馆,一年开一家。"

1928 年,也是圣诞节,时光过了 21 年,康拉德·希尔顿 41 岁生日这一天,所有这些梦想都一一实现了,并且速度大大超过预期。在达拉斯阿比林、韦科、马林、普莱恩维尤、圣安吉诺和拉伯克都相继建起了以他的名字命名的饭店——希尔顿饭店。

1949 年,希尔顿国际公司从希尔顿饭店公司中拆分出来,成为一家独立的子公司。

1964 年,希尔顿国际公司在纽约上市。

1967 年至 1987 年的 20 年中,希尔顿国际公司三次被收购,最后由前身为莱德布鲁克(Ladbrok)集团的希尔顿集团买下。

1988 年,希尔顿集团进入中国市场。

2004 年,希尔顿开创休闲之先风,创新了希尔顿休息间。这种新型房间营造了独特的环境,顾客可以在其中恢复体力和精神,可调光的照明设备或明或暗,空气中散发着新鲜的水果味道和花香,有助于顾客的放松和休息。现在,连饭店工作人员的服装要求也大为放松,员工甚至可以穿着自己喜欢的衣服为客人服务。

2005年3月23日,希尔顿国际酒店集团(HI)透露,其最高端的、在全球仅有17家的超豪华酒店品牌"康拉德"(Conrad)将进入中国内地市场,首家酒店有望落户上海新天地区域,希尔顿将进入上海的康拉德品牌是拥有舞台剧场娱乐功能的酒店。

6月7日,希尔顿国际酒店集团与中房集团在北京签署协议,宣布康拉德酒店落户北京;该集团旗下的经济型酒店品牌"斯堪的克"(Scandic)同时签约,两项工程均由中房集团海外发展有限公司负责开发,计划于2008年北京奥运会前营业。希尔顿酒店集团全球仅开18家康拉德。北京康拉德酒店有200间客房、100套服务式公寓;斯堪的克酒店有400间客房和100套服务式公寓。这是欧洲以外的首家斯堪的克酒店,北京将成为世界上第一个拥有全部三个希尔顿国际品牌的城市,包括豪华型酒店康拉德、高档酒店希尔顿和面向中端市场的经济型酒店斯堪的克。

7月,美国《HOTELS》杂志公布2004年的统计,希尔顿集团(美国)2004年有酒店2 259座,房间358 408间,列第11位;2003年列第10位,酒店2 173座,房间348 483间。

根据企业之间的协议,希尔顿国际和希尔顿酒店公司(HLT)分享对康拉德品牌的运营权,其中包括在13个国家中的17家宾馆。希尔顿国际拥有在全球除美国以外地区使用希尔顿品牌名称的权利,旗下有希尔顿、斯堪的克和康拉德等品牌,运营有403家酒店,其中261家的品牌名为希尔顿,另外142家则是针对中档市场的斯堪的克品牌。希尔顿国际酒店集团是总部设于英国的希尔顿集团公司的旗下分支,拥有除北美洲外全球范围内希尔顿商标使用权,管理405家酒店,包括263家希尔顿酒店、142家斯堪的克酒店,在全球的78个国家拥有超过7万名雇员,有10多个不同层次的酒店品牌。希尔顿国际集团在全球的发展以谨慎著称。

12月29日,酒店及博彩业公司希尔顿集团宣布以36亿英镑(合62亿美元)向美国希尔顿酒店公司出售其酒店业务,该交易将使这两家希尔顿公司在1964年分拆后重新走到一起,希尔顿酒店公司集中关注美国业务,而希尔顿集团则把主要精力放在其他国际市场上。2006年,希尔顿酒店公司计划在北美增开175~200家酒店,在海外开设15~20家酒店。

2005年,希尔顿开始建设中文网站。

2005年,希尔顿酒店公司宣布赞助美国2008年北京奥运会代表团。

2006年元旦,上海金茂希尔顿大酒店开业。

2006年2月16日,希尔顿酒店公司表示优先开拓中国和印度等亚洲市场,谋划在中国寻找合作伙伴,可能首次在华引入希尔顿花园客栈(Hilton Garden Inns)品牌,期望可以建立50家左右的该品牌酒店。1994年,美国希尔顿从总部位于英国伦敦的希尔顿集团旗下分出,独自运营全美2 300多家希尔顿酒店业务。2005年年底,英国希尔顿集团宣布以36亿英镑的价格向美国希尔顿出售旗下的酒店业务。希尔顿花园客栈计划是合并的希尔顿的新政。希尔顿在中国5家已经开业的酒店分布在上海、北京、重庆、三亚等地,共有2 514间客房。

2006年3月14日,美国希尔顿集团宣布,在与拉斯维加斯金沙集团签署协议之后,希尔顿将在澳门建设两个酒店,其中一座是希尔顿酒店(1 200套房间),另一座是康拉德酒店(300套房间)。将与拉斯维加斯金沙集团在第二个季度签署协议建设酒店。

2006年,在厦门和三亚再开2家希尔顿酒店,其中三亚希尔顿是中国第一家希尔顿度假酒店。

2007年上半年,有410间客房的厦门希尔顿酒店开业。

与美国本土相比,希尔顿酒店在其他国家的品牌认知度较低,但在国际旅游者眼里,希尔顿却是首选,人们对房间的设置划分为办公区、放松区和盥洗区等感到熟悉。凡入住希尔顿的旅客均可赢得50多个航空公司的飞行旅程积分。国际希尔顿旅馆有限公司每天接待数十万计的各国旅客,年利润达数亿美元,雄居世界最大旅馆的榜首。除南极之外,希尔顿已经遍布全球。

（资料来源：www. hilton. com. cn）

第 2 章

酒店客房部的会计核算

引言

　　客房部在酒店中具有非常重要的地位和作用。客房是酒店的特殊商品,酒店收入的主要来源是客房收入。酒店以一应俱全的房间,优良的服务,向客人提供舒适安全的住宿条件,以获得营业收入。然而客房又与其他商品不同,它不能储存,如果没有客人住宿,就会发生损失。因此,客房收入的多少取决于客房的出租率。酒店应积极采取措施,尽可能将客房出租出去,以获得尽可能多的经济利益。

2.1 客房部的功能和业务特点

2.1.1 客房部的功能

1. 客房是酒店的基本设施，是酒店存在的基础

向客人提供食宿是酒店的基本功能，而客房是住店客人购买的最大、最主要的商品。所以，酒店的客房是酒店存在的基础，没有了客房，酒店也就不复存在了。我国酒店客房的建筑面积一般占总体建筑面积的 60%～70%，在酒店投资上，客房的土建、内外装修与设备购置也占据了相当大的比重。

2. 客房收入是酒店营业收入的主要来源

客房是酒店最主要的商品之一，客房部是酒店的主要创利部门，销售收入十分可观，一般要占酒店全部营业收入的 40%～60%。客房虽然在初建时投资大，但耐用性强，纯利高。客房部的有效管理及其他部门的有效支持将增强酒店活力，提高企业收益。同时，通过客房的销售、大量客人的入住，也给其他部门带来了盈利的机会。

3. 客房部的服务与管理水平是提高酒店声誉的重要条件

客房是客人在酒店逗留时间最长的地方，一般来说，客人对客房有一种"家"的感觉。因此，客房的设施以及客房部的服务管理水平往往成为客人评价酒店好坏的主要因素。客房服务质量是衡量整个酒店服务质量，维护酒店声誉的重要标志。

4. 客房是带动酒店一切经济活动的枢纽

酒店作为一种现代化的食宿场所，只有在客人入住率高

的情况下,酒店一切设施才能发挥作用,酒店的一切组织机构才能运转。客人住进酒店,要到前台办手续、交房租;要到餐饮部用餐、宴请宾客;要到康乐部健身、娱乐;要到商场购物等,因而客房服务带动了酒店的各种综合服务设施,带动了整个酒店的经营管理。

5. 客房部是酒店降低物资消耗、节约成本的重要部门

客房商品的成本在整个酒店成本中占据较大比重。例如,能源(水、电)消耗及低值易耗品、各类物料用品等,日常消耗较大。客房部是否重视开源节流,能否加强成本管理、建立部门经济责任制及原始记录考核制度,对整个酒店是否能降低成本消耗,获得良好收益会起到关键作用。

6. 客房部担负着管理酒店固定资产的重任

在酒店企业,固定资产占总资产的80%～90%,包括建筑物、设备设施、家具、物品配备等。其中,在客房部管辖范围内的固定资产占了大多数。对整个酒店客房楼层部分、公共部分设施设备的日常保养及维护工作是客房部的重要工作。客房部的任务是管理好这些资产,或直接进行维修保养,或及时督促、协助有关部门进行维修,尽可能延长资产的使用期限。

2.1.2　客房部的业务特点

1. 以时间为单位出售客房使用权

客房商品的销售与其他商品最大的区别在于只出售使用权,商品的所有权不发生转移。一方面,客房部员工应尊重客人对客房的使用权,向客人提供各类客房服务;另一方面,也应保护酒店对客房的所有权,做好客房设备设施、物质

用品的保管和维护工作。

客房商品是以时间为单位出售的,所以其价值实现的机会如果一旦在规定的时间内丧失,就意味着其价值将永远失去,因而酒店的客房部应确定科学的客房清扫程序,加速客房的周转,及时为前厅销售提供合格产品。

2. 客人的要求具有随机性和差异性

客房是客人休息、工作、会客、娱乐、存放行李物品及清理个人卫生的场所。不同客人的身份地位不同、生活习惯相异、文化修养与个人爱好也各有差异,所以对客房服务的要求也是多方面的,这就使得客房部业务具有很强的随机性和差异性。

3. 私密性与安全性要求高

客房是客人在酒店的私人领域,客房业务对私密性与安全性的要求很高。因此,服务人员不能随意进入客房,不能随意移位、翻看客人物品,应尊重客人的隐私权。

另外,安全是客人住宿的最基本的需求。酒店必须确保客房安全,为客人提供一个安全舒适的私密空间。

2.1.3 客房部的组织结构

近年来,客房部的组织结构发生了一些变化,随着国外先进服务理念的引进,酒店客房部从先前的楼层服务台模式向客房服务中心模式转换。但楼层服务台的撤销又使一些酒店感到不便,所以又出现了一些将楼层服务台与客房服务中心组合在一起的服务模式。在实务中,由于酒店规模档次不同,所以各酒店客房部的组织机构应结合本酒店的具体情况合理设置。图 2-1 为采用楼层服务台与客房服务中心结合在一起的服务模式。

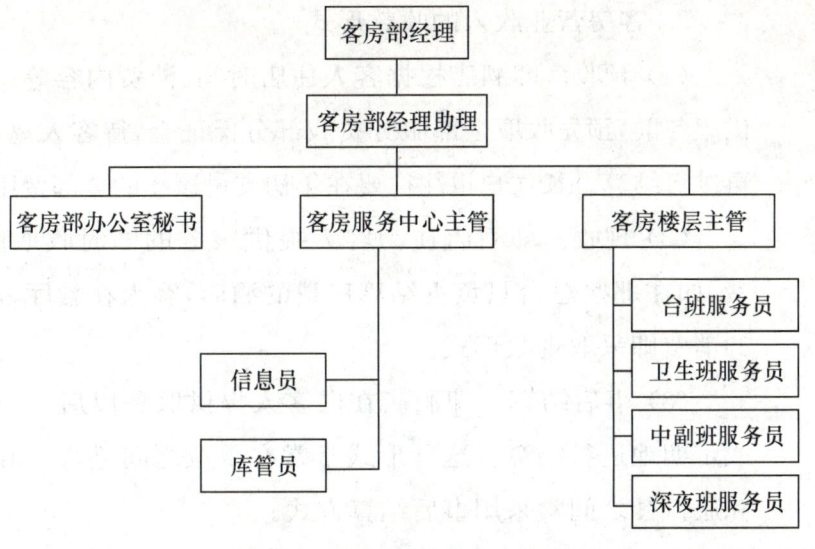

图 2-1　某酒店客房部的组织结构

2.2　客房部营业收入的核算

2.2.1　营业收入核算的方法

1. 客房营业收入的确认

（1）客房营业收入的确认时间。客房营业收入是通过出租客房而取得的收入，因此，按照权责发生制的原则，客房一经出租，无论房价收到与否，都应作为销售处理，确认相应的客房营业收入。也就是说，客房营业收入的入账时间以客房实际出租的时间为准。

（2）客房营业收入金额的确定。尽管客房的价格都有挂牌价，但由于酒店业务有淡季和旺季之分，客人有团队和个人之分，因此，实际收取的客房价格大多都是在挂牌价的基础上减去一定的折扣。在确认收入时，应该以实际收取的客房收入作为确认收入的金额。

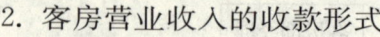
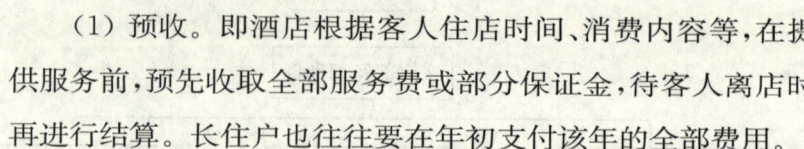

酒店会计实务直达车

2. 客房营业收入的收款形式

（1）预收。即酒店根据客人住店时间、消费内容等，在提供服务前，预先收取全部服务费或部分保证金，待客人离店时再进行结算。长住户也往往要在年初支付该年的全部费用。

（2）现收。即酒店在为客人提供服务的同时收取服务费，如在那些总台只负责结算房费的酒店，客人在餐厅、商场的消费即采取现收形式。

（3）事后结算。即酒店在向客人提供服务以后，一次性或定期地进行结算。这种形式常常在单位之间进行，如酒店和旅行社之间常采用事后结算方式。

不同的收费方式管理的重点是不同的，对于预收服务费的项目，要树立认真执行合同规定的意识，保证相应的服务质量和等级。对于现金结账的部分，关键是健全内部控制制度，严格按操作规程执行和检查。至于事后结算的管理制度，要强调事前控制意识，对结算期过长的款项，要采取措施，加强催收力度，降低资金积压的数量。

【小贴士 2-1】 酒店的营业收入

酒店的营业收入主要包括：

（1）客房收入，是指酒店为客人提供住宿环境和服务性劳务后，向其收取的货币收入。

（2）餐饮收入，是指酒店为客人提供饮食、酒席、宴会等服务后而取得的货币收入。

（3）销售商品收入，是指酒店附设零售商场、购物中心、商品部等部门因销售商品等而取得的货币收入。

（4）其他收入，是指酒店除上述收入外而取得的货币收入，主要包括游乐和健身服务收入、游戏机收入、商务中心服务收入、美容美发收入、电话费收入、洗衣收入、车队收入、手续费收入、会议室出租收入、俱乐部收入等。

表 2-1

客房营业日记总账

2008年5月1日

楼层：二

房号	共住人数	姓名	入住时间 月	入住时间 日	已住天数	今 日 应 收 房金	加床	酒水食品	电话	餐费	洗衣	合计	结 算 昨日结存	今日收款	今日应收	今日结存	备 注	收银员
203	2	黄松	5	1		420	50		20	100	20	610		1 200	610	590	上午9时入住	甲
205	2	李丽	5	1		420	50	10	15	120	10	615		1 000	615	385	上午2时入住	乙
209	1	陈文	5	1		420		10	20	50		500		500	500	0	晚10时入住	丙
合 计						1 260	100		55	270	30	1 725		2 700	1 725	975		

【例 2-1】 某酒店于 9 月 29 日收到某旅行社预订客房定金37 000元,客人于 9 月 30 日入住,并于 10 月 4 日离店,结算时补交 8 000 元房费。会计分录如下:

(1) 预收定金时:

借:银行存款　　　　　　　　　　　　　　　　37 000
　　贷:应收账款(预收账款)　　　　　　　　　　　37 000

(2) 结算时:

借:库存现金　　　　　　　　　　　　　　　　 8 000
　　应收账款　　　　　　　　　　　　　　　　37 000
　　贷:主营业务收入　　　　　　　　　　　　　45 000

3. 营业台账的设置

酒店客房部前台必须设置"客房营业日记台账"(表2-1),由收银员根据客人账单登记,每日终了,按各项目的汇总金额编制"客房营业日报表"(表 2-2)。

表 2-2

客房营业日报表

2009 年 5 月 1 日　　　　　　　　　　单位:元

今 日 应 收		结 算	
项　目	金　额	项　目	金　额
房金	1 260	昨日结存	
加床	100	今日收款	2 700
酒水食品	10	今日应收	1 725
电话	55	今日结存	975
餐费	270	客人挂账内容	
洗衣	30	单位或姓名	金额
应收合计	1 725		
附注	今日可出租房间:　　　间 今日实际出租房间:　　　间 出租率:　　　%		

客房部主管:　　　　　　　　　　制表:

（1）根据表 2-2 客房营业日报表编制会计分录如下：

借：应收账款——应收户　　　　　　　　　　　　　　1 725

　　销售费用——电话　　　　　　　　　　　　　　　 55

　　贷：主营业务收入——房金　　　　　　　　　　　 1 360

　　　　　　　　——酒水食品　　　　　　　　　　　 10

　　　　　　　　——其他　　　　　　　　　　　　　 30

　　其他应收款——客房　　　　　　　　　　　　　　 270

（2）收银员按交款收据编制会计分录如下：

借：库存现金　　　　　　　　　　　　　　　　　　 2 700

　　贷：应收账款——预收户　　　　　　　　　　　　 2 700

在上述分录中，"销售费用——电话"账户的金额，是收回的酒店所预交电话费的一部分，不属于营业收入，要以红字冲减费用。

"其他应收款——客房"账户的金额是餐厅转来的客人在餐厅的消费，在餐厅做账时已经借记"其他应收款——客房"账户，贷记"主营业务收入"账户。此处实际上是内部往来账项的收回。

"应收账款——应收户"账户和"应收账款——预收户"账户应分别按照客人设置明细账。

客房部营业日记台账按楼层设置，根据宾客账单登记。原则上每一房间号的宾客的账目登记为一行，按宾客账单各项目当天的合计数登记。早班和中班收银员只登记本班营业时间入住的宾客账目，晚班的收银员除登记本班营业时间入住的宾客以外，零点以后要设置第二天的台账。并将第一天台账上尚未离店续住的一部分账目资料过入到新的台账中。过账时，只需逐项将宾客的房号、人数、姓名、到店日期和结算栏的"结存"或"结欠"过入新账页，消费项目金额不过入新账中（见表 2-3）。

表2-3

楼层：二

客房营业日记台账
2009年5月2日

第　页

房号	共住人数	姓名	入住时间		已住天数	今日应收								结算				备注	收银员
			月	日		房金	加床	酒水食品	电话	餐费	洗衣	赔偿	合计	昨日结存	今日收款	今日应收	今日结存		
207	2	巫云	5	2	2	420		20	15	70	10		535	535	700	535	165	清晨1时入住	丙
203	2	黄松	5	1		420			10	50	5		485	105	600	485	220	昨日过入	甲
205	2	李丽	5	1	1	420		10	5	30			465	385	200	465	120	昨日过入	甲
209	2	陈文	5	1	2	420			12	35		20	487	0	700	487	213	昨日过入离店	甲
217	1	房晓	5	2		210			12	50	10		282	282	500	282	218	上午9时入住	甲
210	1	俞晓	5	2		210			5	30			245	245	300	245	55	下午3时入住	乙
211		郑新	5	2		420			20			20	440	440	0	440	-440	晚上9时入住	乙
合计						2 520		30	79	265	25	20	2 939	490	3 000	2 939	551		

台账的"已住天数"栏,在宾客离店结算之前可空置不填,离店结算时再按实住天数填列。宾客总账单的房金一栏只需用实住天数乘以房价求得,但是还要与宾客账单记录核对相符。

当天入住当天退房的宾客,如果因入住时间较短,经领导同意退还原交房金的一部分时按退还金额以"一"号分别填入"房金"和"今日应收"两栏,冲减原记录。所退还的房金以"一"号在"今日收款"栏反映。台账要分清班次。

根据表 2-3 编制"客房营业日报表"(见表 2-4)。

表 2-4

客房营业日报表

2009 年 5 月 2 日

今 日 应 收		结 算	
项 目	金 额	项 目	金 额
房金	2 520	昨日结存	490
加床		今日收款	3 000
酒水食品	30	今日应收	2 939
电话	79	今日结存	551
餐费	265	宾客挂账内容	
洗衣	25	单位或姓名	金 额
赔偿	20	郑新	440
应收合计	2 939		
附注	今日可出租房间: 间 今日实际出租房间: 间 出租率: %	挂账合计	440

客房部主管:　　　　　　　　　制表:

根据表 2-4 编制会计分录如下:

借：应收账款——应收户	2 939
销售费用——电话	79
——物料消耗	20
贷：主营业务收入——房金	2 520
——酒水食品	30
——其他	25
其他应收款——客房	265
借：库存现金	3 000
贷：应收账款——预收户	3 000

郑新挂账的会计分录如下：

借：应收账款——郑新	440
贷：应收账款——应收户	440

收回该项挂账欠款时：

借：库存现金	440
贷：应收账款——郑新	440

在上述会计分录中，"销售费用——物料消耗"账户的金额是宾客损坏物品的价值，而客房收取的损坏物品必须换新的价值，不属于销售费用，应该用红字冲减费用。

先住店后付款的客人，收银员需查明其有效证件，经主管同意后作挂账处理。宾客离店结账时，账单应经宾客签字认可。挂账的账单不交给宾客，附当天的"营业日报表"交财务部组织收回账款。

"主营业务收入——其他"账户记录的是酒店洗衣坊代洗衣物的费用，如果送洗衣店洗涤，则不能作为收入处理，因为在洗涤时酒店代为支付了费用，因此应以红字冲减"销售费用——洗涤费"。酒水、食品的营业收入，根据部门设立账项，月末应根据吧台的商品销售报表结转主营业务成本，会计分录如下：

借：主营业务成本——酒水食品

　　贷：库存商品——客房吧台

【小贴士 2-2】　挂账的有关规定

　　（1）与公司订有合同的挂账。此种情况可由吧台服务员根据合同内容，对挂账人核实无误后，由挂账人签字并做好挂账记录；非合同当事人签字的，必须经合同当事人同意方可挂账。

　　（2）关系单位或关系人的临时挂账（无挂账合同）。遇有这种情况，必须由餐厅经理（营销经理）以上管理人员同意并签字担保才能挂账，挂账总额不得超过 5 000 元，并由担保人负责回收，其他人无权担保挂账。

　　（3）其他形式的挂账。它指跑单、支票或信用卡因吧台人员工作失误造成的退票、废卡而引起的挂账等，即：在当日营业结束时所造成的一切欠款形式都属此列。出现类似情况，应由收银员开具挂账单，餐厅经理以上人员签字，由当事人负责在 10 日内收回，否则将追究责任，并在当事人工资中扣除。

　　在日常核算中，"应收账款——应收户"账户的借方数和"应收账款——预收户"账户的贷方数要单独列示，不相互冲销。月度终了时，在编制资产负债表时，应以其差额列示在相应账户中，例如：如果"应收账款——应收户"账户的借方余额小于"应收账款——预收户"账户的贷方余额，则将其差额在编制资产负债表时列入"预收账款"项目；反之，列入"应收账款"项目。在年度终了时，应编制抵销分录，将两者差额列示于"应收账款——应收户"账户的借方或"应收账款——预收户"账户的贷方。

　　【例 2-2】　世纪大酒店在年度终了时，"应收账款——应收户"账户的累计借方余额为 8 425 580 元,"应收账款——预收户"账户的累计贷方余额为 9 845 290 元,抵销分录如下:

借:应收账款——预收户　　　　　　　　　　8 425 580
　　贷:应收账款——应收户　　　　　　　　　　8 425 580

作以上冲账分录后,"应收账款——应收户"账户的余额为 0,"应收账款——预收户"账户的贷方余额为 1 419 710 元。

【例 2-3】　世纪大酒店在年度终了时,"应收账款——应收户"累计借方余额为 7 635 240 元,"应收账款——预收户"累计贷方余额为 6 985 513 元,抵销分录如下:

借:应收账款——预收户　　　　　　　　　　6 985 513
　　贷:应收账款——应收户　　　　　　　　　　6 985 513

作以上抵销分录后,"应收账款——应收户"账户的借方余额为 649 727 元,"应收账款——预收户"账户的余额为 0。

4. 现金制下营业收入的核算

酒店营业收入应按照权责发生制的原则核算,但某些规模较小,房间较少的酒店也可采用现金制核算。即当天的营业收入不包括尚未结算的房金等营业收入,营业日报表只反映当天已结账或已离店,并已经收到款项或已确认挂账的营业收入。

采用这种核算方式,前台仅设置"宾客账单"即可。宾客账单格式、登记方法、结算方式等与应收应付制基本相同。客房营业日报表是根据当天已结算离店的账单各项目汇总编制。营业日报表格式,除结算栏仅列支收入和挂账收入外,其他各项与应收应付制基本相同,见表 2-5 所示。

表 2-5

客房营业日报表

2009 年 5 月 1 日 　　　　　　　　单位：元

今 日 应 收		结 算	
项　目	金　额	项　目	金　额
房金	5 700	收入现金	5 300
加床	300	挂账	1 405
酒水食品	200	合计	6 705
电话	90	挂 账 客 户	
餐费	350	单位或姓名	金　额
洗衣	45	源通公司	930
赔偿	20	刘洪	475
应收合计	6 705		
附注	今日可出租房间　　　　　间 今日实际出租房间　　　　间 出租率　　　　　　　　　% 今日维修房间		

客房部主管： 　　　　　　　　　　制表：

在表 2-5 中，预收的房金（押金）全部留存前台，不交财务部。每天上交的现金仅为当天已收离店宾客的现金总额。

两班交接时的金额为所收未离店宾客所交的押金收据金额加上已离店宾客所收到的现金。

根据表 2-5 编制会计分录如下：

借：库存现金 　　　　　　　　　　　　　　　　　5 300
　　应收账款——源通公司 　　　　　　　　　　　　930
　　　　　　　——刘洪 　　　　　　　　　　　　　475
　　销售费用——电话费 　　　　　　　　　　　　　90
　　　　　　——洗涤费 　　　　　　　　　　　　　45
　　　　　　——物料消耗 　　　　　　　　　　　　20
　　贷：主营业务收入——房金 　　　　　　　　　6 000
　　　　　　　　　　　——酒水食品 　　　　　　　200
　　　　其他应收款——客房 　　　　　　　　　　　350

收回挂账现金时：

借：库存现金 1 405
　　贷：应收账款——源通公司 930
　　　　　　　——刘洪 475

月末结转酒水食品等销售成本时：

借：主营业务成本——酒水食品 ××
　　贷：库存商品——客房吧台 ××

上述"销售费用——电话费"账户的金额是收回已付电话费的一部分；"销售费用——洗涤费"账户的金额是收回外送洗衣房的洗涤费；若为酒店洗衣坊代洗衣物，则记入"主营业务成本——其他"账户；"销售费用——物料消耗"账户的金额是收回被损坏需要更新的物品的价值。

挂账的账单不交给客户，应随同客房营业日报表一起送财务部门，以便于组织收款。

有的酒店客房采用现金制结算时，为了使月度营业收入接近事实，查明月末应收续住尚未离店客人的房金，补列营业收入，下月初以红字冲转。

【例2-4】 假定某酒店客房结算采用现金制，月末查明续住未离店宾客账单房金总额为 15 000 元，补列收入。本月末会计分录如下：

借：应收账款——月末尚未结算房金 15 000
　　贷：主营业务收入——房金 15 000

下月初用红字冲回：

借：应收账款——月末尚未结算房金 15 000
　　贷：主营业务收入——房金 15 000

【小贴士 2-4】 客房部与财务部的协作规范

（1）客房部应于每月最后一天下午,将其库存的和楼层库存的(含客房内)客房用品,填制"财产盘点表"(各种财产盘点表由财务部提供),并于第二天上午 9 时前交财务部一份。

（2）客房楼层应设置"楼层物品收发存登记簿",每天实物结存应与登记簿一致,每周填制收发存报表交财务部。

（3）若客人损坏或拿取客房内物品的,客房部应填制"赔偿通知单",其中写明房号、姓名、物品名称、金额,并请客人签名后送到前厅收银处。

（4）楼层服务员每天上午、下午两次定时进房收取账单,如发现客人在使用小吧以后没有签名,应请客人补签名,然后补充新的小吧饮料及账单。客人签过名的账单交前厅收银处。客人退房,楼层服务员应及时检查小吧,并电话通知前厅收银处,前厅收银员也应主动打电话询问楼层服务员小吧的使用情况。

（5）发薪之日,客房部秘书到财务部计薪员处领取工资单,并协助财务部将工资发给本部门员工。

2.2.2 营业收入环节会计控制

1. 建立完善的客人财务管理系统

客房部营业收入的取得,主要来自住店客人,对此,应建立住店客人财务管理系统。住店客人财务管理系统主要包括客人账户的开立、记账核对和结账三个方面。

2. 保证客人账务管理系统的正常运作

完善的客人信息传递系统是做好客房部账务管理工作的基础。客人住店时间一般不会很长,因此,客人在酒店内的消费信息必须及时传递到前台,酒店要做到记账准确,走账迅速,结账清楚。为此,酒店应结合本店的实际情况选择合适的信息传递方式。从传递方式来看,目前主要有人工传递、电话传递以及计算机联网传递等方式。

3. 建立和健全内部牵制制度

在建立畅通有效的信息传递渠道的同时,酒店还必须建立和健全内部牵制制度。内部牵制制度包括的内容很多,其中比较重要的一部分是建立收入稽核制度。其工作主要是在每天营业结束时检查核对所有营业部门的销售记录是否正确,同时编制出客账汇总表。

酒店的收入稽核一般分为日间稽核和夜间稽核。由于稽核工作在酒店收入控制中占有非常重要的地位,现以夜间稽核为例进行阐述。

(1) 夜间稽核的意义和目标。酒店工作紧张、忙碌。收银员既要制作账单,又要收款、退款。在这一系列工作中难免出错,加之员工素质、业务水平等参差不齐,也容易发生一些错弊问题。再者,客人入住、退房绝大多数集中在白天和傍晚,这段时间内各项收入总是处在不断的变动之中,此时进行稽核,势必给稽核工作增加难度。而到了深夜,入住、退房的客人一般较少,酒店的各种营业活动诸如餐厅、酒吧、舞厅等,也相继关闭,这时全天的营业收入基本上已能确定下来。因此,夜间是收入稽核工作的最好时间。

夜间稽核的工作对象是各收银点的收银员以及各营业部门交来的单据、报表等资料。其工作目标是通过对这些单据、报表深入细致的查对,纠正错弊、追查责任,以保证当天酒店收益的真实、正确、合理和合法。

(2) 夜间稽核员的工作内容。夜间稽核主要分为两部

分:客房收入稽核和餐饮营业收入稽核。这里我们只讲述客房收入的夜间稽核,其主要工作内容如下:

① 接管和检查前台收银工作。

② 核对客房部当日各种账单、票据。

③ 稽核未离店客人的应收账款。

④ 对当天客房收益进行试算,并终结当天收益。

试算的计算公式如下:

$$今日住客欠账总额-今日住客结清总额=$$
$$今日住客欠账净额+截至昨日住客累积欠账额=$$
$$截至今日住客累积欠账额$$

日间稽核的工作主要是进一步检查营业记录是否正确,并对夜间稽核工作进行复查,稽核后编制营业日报表。

【小贴士 2-5】 客房收入稽核的资料来源

(1)客房出租明细表。

(2)客房经理客房状况报告。

(3)住宿登记单。

(4)换房通知单。

(5)前厅收银员收入明细表。

4. 重视电算化下收银员的工作

在电算化条件下收银员当班工作结束前必须进行交款编表的工作,具体内容如下。

(1)清点现金。即清点当班所收的现款(现金、信用卡、支票等),填到交款表里,交款表一式两联,其中一联上交总出纳签收后退还交款人,另一联备查。采用交款表交款属于直接交款方式,即由收银员将现金直接上交总出纳。因为其有时间上的局限性,所以许多酒店不采用这种方式交款,而是把款项投入指定的保险箱,该方式简称"信封交款",即设置像邮筒一样有投入口的保险箱,以便收银员在把款项装进信封密封后随时投入保险箱。该保险箱只能投入,不能随便取出。

(2) 整理账单。即把已离店结账的账单按照现金结算收入、现金结算支出、支票结算、信用卡结算、挂账结算等进行分类汇总整理;把入住客人的保证金付款单据、预订房间的订房金单据等进行分类整理;每一类单据整理好后,应计算出一个合计金额,把合计金额的纸带或便条附在每一类单据上面,与所属的单据捆扎在一起,以便核对。

(3) 编制收银报告。收银员平时在入账、结账操作时,已按照各自的代码将收银情况输入前台电脑,这使得编制收银报告的工作变得比较简单。收银员只需输入自己的代码,电脑即可自动打印出属于该收银员的收银报告。收银报告包括一份明细表、一份汇总表和一份结账账户明细表。

(4) 核对账单与收银报告。即核对整理好的账单与收银报告的有关项目,具体地说,即将房间小酒吧账单、日租及服务费账单、扣减单、现金支出单、现金结算、信用卡结算、转账、支票等单据分别与汇总表上各项目逐一进行核对。如发现不符,则将不符的项目与收银明细表中相关项目进行核对,找出不符的原因,以便进行更正。核对离店结账账单与结账账户明细表是否一致,如有不符,找出原因更正。

(5) 核对现金与收银报告。收银报告中的"现金收入"项目减去"现金支出"项目,其差额就是"现金应交额"(如果前台收银采用"备用金制"押金上交,则现金应交额还应加上"押金"数)。收银员在核对时,应把手中的现金加起来将其合计数与上述"现金应交额"核对,如有不符应即刻查找原因。

（6）送交款项、账单、收银报告。完成上述的账账核对、账表核对、表单核对、账实核对后，将款项、账单和收银报告（具体包括哪些报表，由酒店根据管理要求指定）交到指定的位置或人员。

2.2.3 酒店客房的定价方法

客房是酒店经营的主要商品，而这一商品与别的商品不同，其特点是数量固定，无法临时增加，而且有着强烈的时间性。另外，许多酒店往往集中于一处，行业竞争非常激烈。因此，客房价格的制定必须考虑以下两个因素：一是所制定的房价能使酒店在经济上获得最大利益；二是能使酒店达到最高的客房出租率。酒店客房常用的定价方法有以下几种。

1. 成本定价法

一般来说，酒店房价的确定应以成本为基础，因为经济活动最低的要求是保本，因此以成本为基础确定价格是酒店持续经营的前提。在以成本为基础确定价格的情况下，再依据各种不同的影响因素适当地调整价格，使之适应酒店和消费者的要求。

成本定价法是以客房的成本为依据确定房价的一种方法。其计算公式如下：

$$房价 = \frac{每间客房日费用}{1 - 营业税税率 - 利润率}$$

其中：　每间客房日费用＝间日变动费用＋间固定费用

$$间日变动费用 = \frac{年变动费用总额 \div 365}{总间数 \div 出租率}$$

间日固定费用＝每平方米日固定费用×客房面积

每平方米日固定费用＝年固定费用总额÷365÷总面积÷出租率

$$客房出租率 = \frac{实际出租房间数}{可出租房间数}$$

【小贴士 2-6】 客房在经营过程中总会有未出租的房间,其所发生的固定费用需要由已出租的客房来负担,这就需要在一定出租率的前提下予以确认,因此需要获得一个合理的出租率或者以保本出租率作为定价的依据,固定费用可依据不同类型客房的面积分摊,变动费用可依据客房的间数分摊。

【例 2-5】 某酒店有客房 300 间,其中标准间 250 间,每间 25 平方米;双套间 30 套,每套 50 平方米;三套间 20 套,每套 70 平方米。保本出租率为 55%,客房全年预计固定费用总额为 860 万元,变动费用总额为 210 万元,营业税税率为 5%,则不同客房的房价计算如下:

$$每平方米的日固定费用=\frac{8\,600\,000\div365}{25\times250+50\times30+70\times20}\div55\%=4.68(元)$$

$$间日变动费用=\frac{2\,100\,000\div365}{300\div55\%}=10.55(元)$$

$$标准间房价=\frac{4.68\times25+10.55}{1-5\%-0}=134.26(元)$$

$$双套间房价=\frac{4.68\times50+10.55}{1-5\%-0}=257.42(元)$$

$$三套间房价=\frac{4.68\times70+10.55}{1-5\%-0}=355.95(元)$$

酒店在确定上述价格以后可以根据具体情况予以调整。例如:

(1)若以该价格出租,客房的出租率有可能高于 55%,酒店可能盈利。

(2)若提高房价,在出租率不变的情况下也有可能盈利。

(3)若该酒店的目标利润率为 20%,则在上述计算公式中,将利润率由 0 改为 20%,即可得出相应的房价。

需要指出的是,若该酒店客房销售结构发生变化,也会影响平均房价和最终的盈利水平。

2. 目标利润法

目标利润法是在客房成本计算的基础上,在保证实现目标利润的前提下制定房价的方法。该方法除可利用上述成本定价法进行计算外,还可采用以下简易公式进行计算。

$$房价 = \frac{年总成本 + 目标利润}{365 \times 客房总数 \times 出租率}$$

【例 2-6】 某酒店有客房 390 间,预计年度总成本费用为 1 200 万元,客房的出租率为 65%,预计目标利润为 660 万元,则房价计算如下:

$$房价 = \frac{12\,000\,000 + 6\,600\,000}{365 \times 390 \times 65\%} = 201.02(元)$$

3. 总经费法

总经费法是在客房成本预算的基础上制定价格的方法,其计算公式如下:

$$房价 = \frac{日均目标营业额}{客房总数 \times 出租率}$$

$$日均目标营业额 = \frac{每日经费}{1 - 营业税税率 - 利润率}$$

【例 2-7】 某酒店有客房 300 间,预计全年客房固定费用为 5 256 000 元,单位变动成本费用为 30 元/间天。该酒店旺季经营 7 个月,客房的出租率为 80%,利润率为 35%;淡季经营 5 个月,客房的出租率为 50%,利润率为 4%。若该酒店的营业税税率为 5%,则不同时期的客房平均房价计算如下:

$$旺季每日经费 = \frac{5\,256\,000 \div 12 \times 7 + 30 \times 300 \times 80\% \times 7 \div 12 \times 365}{7 \div 12 \times 365} = 21\,600(元)$$

$$旺季日均目标营业额 = \frac{21\,600}{1 - 5\% - 35\%} = 36\,000(元)$$

$$旺季平均房价 = \frac{36\,000}{300} \div 80\% = 150(元)$$

$$淡季每日经费 = \frac{5\,256\,000 \div 12 \times 5 + 30 \times 300 \times 50\% \times 5 \div 12 \times 365}{5 \div 12 \times 365} = 18\,900(元)$$

$$淡季日均目标营业额 = \frac{18\,900}{1 - 5\% - 4\%} = 20\,769.23(元)$$

$$淡季平均房价 = \frac{20\,769.23 \div 300}{50\%} = 138.46(元)$$

4. 千分之一定价法

千分之一定价法以投资额的 1‰ 作为客房的出租价格。由于酒店房屋及其附属设备通常约占酒店总投资的 70%，因而客房造价与房价之间有着直接的联系。采用千分之一定价法，可以迅速地作出价格决策。

【例 2-8】 某酒店有客房 500 间，总投资为 8 500 万元，平均每间客房的造价为 17 万元，按千分之一定价法，每间客房的定价为 170 元。

$$170\,000 \times 1‰ = 170(元)$$

以上所述是酒店制定房价的基本方法，但在实际工作中，还应考虑竞争、顾客需求等因素，对通过公式计算的房价作必要的调整。

2.3 客房部营业成本的核算

由于酒店客房部是特殊商品，不同于其他企业，因此其成本主要通过折旧和摊销等方式分别在主营业务成本、销售费用和管理费用中反映。客房部营业成本中所占比重较大的项目是：折旧费、物料消耗、电费、工资费用等。

2.3.1 折旧费、修理费和装修费的核算

1. 固定资产折旧的核算

酒店的固定资产主要包括建筑物、电梯、空调、锅炉等设备设施。酒店的折旧方法一般采用平均年限法。酒店车队的车辆采用工作量法，按行驶里程计算折旧。

（1）平均年限法。采用年限平均法，为简化折旧的计算工作，可以事先将各种年限的折旧率计算出来，列一张对照

表,在计算折旧额时,只需将原值乘以相应使用年限的月折旧率便可求出。表 2-6 为固定资产残值率为 5%时固定资产使用年限和月折旧率对照表。

表 2-6

固定资产使用年限和月折旧率对照表

使用年限(年)	年折旧率(%)
2	3.9583
3	2.6389
4	1.9792
5	1.5833
6	1.3194
7	1.1131
8	0.9896
9	0.8796
10	0.7917

【例 2-9】 世纪大酒店客房部上月新购进 100 台空调,每台 6 295 元,预计使用年限为 5 年,本月应计折旧额计算如下:

$$月折旧额 = 6\,295 \times 100 \times 1.5833\% = 9\,966.87(元)$$

借:管理费用——客房——折旧费　　　　　　9 966.87

贷:累计折旧　　　　　　　　　　　　　　9 966.87

(2)工作量法。工作量法是根据实际工作量计算每期应提折旧额的一种方法。工作量法有三种计算方式:一是按工作小时计算折旧;二是按台班计算折旧;三是按行驶里程计算折旧。

【例 2-10】 世纪大酒店新购置小货车一辆,原值为120 000元,净残值率为 5%,预计行驶里程为 600 000 千米。本月实际行驶里程为5 000千米,本月计提的折旧额计算如下:

$$本月折旧额 = \frac{120\,000 \times (1 - 5\%)}{600\,000} \times 5\,000 = 950(元)$$

【小贴士 2-7】 固定资产的折旧方法主要有以下四种：

(1) 平均年限法：

$$年折旧率=\frac{1-预计净残值率}{预计使用年限（年）}\times100\%$$

$$年折旧额=固定资产原值\times年折旧率$$

(2) 工作量法：

$$单位工作量折旧额=\frac{固定资产原值\times（1-预计净残值率）}{预计总工作量}$$

$$某项固定资产年折旧额=该项固定资产当年工作量\times单位工作量折旧额$$

(3) 双倍余额递减法：

$$年折旧率=\frac{2}{预计使用寿命（年）}\times100\%$$

$$年折旧额=固定资产账面净值\times年折旧率$$

(4) 年数总和法：

$$年折旧率=\frac{尚可使用年限}{预计使用寿命的年数总和}\times100\%$$

$$年折旧额=（固定资产原值-预计净残值）\times年折旧率$$

2. 修理费用的核算

酒店固定资产的日常维护支出（修理费用）只是确保固定资产的正常工作状况，通常不满足固定资产的确认条件，应在发生时计入当期费用，不得采用预提或摊销方式处理。

【例 2-11】 世纪大酒店发生客房空调维修费用 420 元，以现金支付。

借：管理费用——客房——修理费 　　　　　　　 420

贷：库存现金 　　　　　　　　　　　　　　　　　 420

3. 装修费用的核算

根据《企业会计准则》的规定，固定资产装修费用如果满足固定资产的确认条件，应当计入固定资产账面价值，并在"固定资产"账户下单设"固定资产装修"明细账户进行核算，在两次装修期间与固定资产尚可使用年限两者中较短的期限内，采用合理的方法单独计提折旧。如果在下次装修时，与该固定资产相关的"固定资产装修"明细账户仍有账面价值，应将该账面价值一次全部计入当期营业外支出。

【例 2-12】 2007 年 1 月 25 日，某酒店对客房部所属商场进行装修，共发生装修费用 91 100 元。2007 年 12 月 26 日装修完工，达到预定可使用状态并开始使用。假定该酒店预计下次装修时间为 2018 年 12 月。2010 年 12 月 31 日，该酒楼决定对客房部商场重新进行装修。假定该商场的装修费用符合固定资产确认条件，该商场预计尚可使用 6 年，装修形成的固定资产预计净残值为 1 100 元。该酒店采用平均年限法计提折旧。相关账务处理如下。

（1）发生装修费用时：

借：在建工程　　　　　　　　　　　　　　　　　91 100

　贷：银行存款等　　　　　　　　　　　　　　　　　91 100

（2）装修完工时：

借：固定资产——固定资产装修　　　　　　　　　91 100

　贷：在建工程　　　　　　　　　　　　　　　　　91 100

（3）2008 年度计提装修形成的固定资产折旧时：

借：管理费用[（91 100－1 100）÷6]　　　　　　 15 000

　贷：累计折旧　　　　　　　　　　　　　　　　　15 000

（4）2009 年和 2010 年计提装修形成的固定资产折旧同 2008 年度。

（5）2010 年 12 月 31 日重新装修时：

借：营业外支出　　　　　　　　　　　　　　　　46 100

　　累计折旧（15 000×3）　　　　　　　　　　　 45 000

　贷：固定资产——固定资产装修　　　　　　　　　91 100

2.3.2 洗衣坊的核算

1. 洗衣坊会计核算的特点

酒店的洗衣坊一般归客房部管理(也有的归管家部管理),主要为客房、餐饮等部门洗涤布件,也会为住店客人洗涤衣物。洗衣坊从事洗涤业务不产生营业收入,而是通过分摊洗涤成本的方法来补偿其物料消耗。即采用一定的方法,将洗涤成本分摊到酒店各相关部门的费用中。

一般来说,洗衣坊发生的费用按照洗衣坊的能源消耗归集。例如,电费可按洗衣设备的功率和需要运转的时间计算确定;燃油是锅炉提供烘干机蒸汽的消耗,但与供应客房的热水混在一起,因此可按耗油比例确定燃料费用。

> 【小贴士 2-8】 酒店的管家部
>
> 一般酒店的后勤工作由独立部门——管家部来执行。酒店管家部主要负责清洁卫生和绿化美化工作。其机构设置大致如下:在管家部经理下设置卫生主管和绿化主管。在卫生主管下再设公共区域组、客房清洁组、洗衣坊等。在绿化主管下再设花房组、庭院养护组、工程班等。

2. 标准成本分摊法

洗衣坊发生的洗涤费用可以采用实际成本分摊法进行分摊,也可以采用标准成本分摊法进行分摊。本书介绍标准成本分摊法。

标准成本分摊法是根据制定的各种衣服、布件的单位标准成本以及洗涤数量分摊洗涤成本的方法,在这种方法下,酒店内部洗涤成本按标准成本转账。

(1)标准成本的制定。标准成本是根据一定的方法对洗涤部门制定的洗涤成本。洗涤部门可通过测试确定每台机器每次洗涤各种布件的数量,所消耗的人工、材料费、其他费用,计算出其洗涤的单位标准成本。

为了简便,不必对每种布件都进行测试,酒店可以通过一种洗涤量比较大的布件为标准布件(如毛巾)进行测试,并规定标准布件的系数为1,通过每台每次可洗涤的标准布件数量与各种布件每台每次可洗涤的数量之比,折算出各种布件的系数。用标准布件的单位标准成本,乘以各种布件的系数,就可得出每一布件洗涤的标准成本。

【例2-13】 某酒店洗衣坊选择客房毛巾作为标准布件进行测试,一台洗衣机每次洗涤80条,洗涤成本为0.15元,单位标准成本为0.28元。该台洗衣机每次洗涤口布160条,洗涤每条口布的单位标准成本计算如下:

$$口布的系数 = 80 \div 160 = 0.5$$

$$洗涤口布的单位标准成本 = 0.28 \times 0.5 = 0.14(元)$$

(2)内部洗涤成本的计算和分配。期末,根据酒店内部各部门各种布件洗涤数量。分别乘以各种布件的单位标准成本,就可计算出各部门的洗涤成本,并转入各有关部门的费用中。

(3)住店客人衣物洗涤成本的计算。本期住店客人衣物洗涤成本,等于本期洗涤部门实际发生的洗涤成本减去内部各部门洗涤成本的转账金额。

3. 洗衣坊会计核算的步骤

由于洗衣坊不单独核算收入,所发生的洗涤成本先全部归客房部承担,期末再分配转入相关部门,所以为了计算洗涤成本,应从账面上分析统计洗涤费用和所完成的洗涤量等资料。具体步骤如下:

(1)从客房部"主营业务成本"明细账中统计分析洗衣坊

水电燃料费用，以及洗衣粉、漂白粉等消耗；从"固定资产折旧"明细账中查明洗衣坊所占用的固定资产的折旧费用；从"应付职工薪酬"表中查明洗衣坊人员应分配的职工薪酬；从客房部布草交接单中查明洗涤布草的实际数量等。

（2）按照布草成本系数折合洗涤量，计算洗涤成本。

【例2-14】 世纪大酒店洗衣坊本月发生的费用、洗涤数量以及布草成本系数等资料见表2-7、表2-8、表2-9所示。

表2-7

成 本 费 用 表

项　　目	金　　额
折旧费	3 200元
电费	2 400元
燃料费	8 200元
应付职工薪酬	4 300元
洗涤用品	1 200元
合　　计	19 300元

表2-8

布草洗涤实际数量

项　　目	数　　量
单人被套	5 000件
单人床单	5 000件
枕套	7 000个
浴巾	5 000条
毛巾	5 000条
台布	2 000块

表2-9

布草洗涤成本系数

项　　目	系　数	项　　目	系　数
单人床单	1	床垫	3
单人被套	1.2	毛巾	0.3
双人床单	1.2	浴巾	0.8
双人被套	1.8	地巾	0.8
枕套	0.3	台布	1.1

洗涤成本的计算如下：

布草洗涤量=5 000×1.2+5 000×1+7 000×0.3+5 000×0.8+

5 000×0.3+2 000×1.1=20 800

布草的单位洗涤成本=$\frac{19\ 300}{20\ 800}$=0.928(元)

各项布草的单位洗涤成本：

单人床单=0.928×1=0.928(元)

单人被套=0.928×1.2=1.1136(元)

枕套=0.928×0.3=0.2784(元)

浴巾=0.928×0.8=0.7424(元)

毛巾=0.928×0.3=0.2784(元)

台布=0.928×1.1=1.0208(元)

由于洗衣坊的费用全部归客房部核算，不单独核算，因此上述计算出的单位成本在计算内部服务费用转移、对外服务计价和结转服务成本时使用。例如，假定上述台布是为本酒店餐饮部洗涤的，则相应会计处理如下：

台布洗涤费用=2 000×1.0208=2 041.6(元)

借：主营业务成本——餐饮部——洗涤费　　　　　　2 041.6

贷：主营业务成本——客房部——洗涤费　　　　　　　　2 041.6

若企业的洗衣坊洗涤能力有剩余，并承担部分其他酒店的洗涤工作，则获得的收入作为其他业务收入，结转洗涤成本时减少客房部的主营业务成本，增加其他业务支出。

【例2-15】　世纪大酒店洗衣坊的洗涤能力过剩，为了增加收入代其他酒店洗涤布草。本月共代其他酒店洗涤被套2 500床，单人床单2 500床，枕套3 000个。已知单人床单的单位洗涤成本为0.928元，单人被套的单位洗涤成本为1.1136元，枕套的单位洗涤成本为0.2784元。按照成本加利润率35%计价。

（1）单位洗涤价格为：

单人床单的单位洗涤价格=0.928×(1+35%)=1.2528(元)

单人被套的单位洗涤价格=1.1136×(1+35%)=1.50336(元)

枕套的单位洗涤价格=0.2784×(1+35%)=0.37584(元)

（2）应收取的洗涤费用：

应收取的单人床单的洗涤费＝2 500×1.2528＝3 132(元)

应收取的单人被套的洗涤费＝2 500×1.50336＝3 758.4(元)

应收取的枕套的洗涤费＝3 000×0.37584＝1 127.52(元)

应收取的洗涤费用总额＝3 132＋3 758.4＋1 127.52＝8 017.92(元)

会计分录如下：

借：应收账款　　　　　　　　　　　　　　8 017.92

　　贷：其他业务收入　　　　　　　　　　　8 017.92

（3）洗涤成本为：

单人床单的洗涤成本＝0.928×2 500＝2 320(元)

单人被套的洗涤成本＝1.1136×2 500＝2 784(元)

枕套的洗涤成本＝0.2784×3 000＝835.2(元)

洗涤成本总额＝2 320＋2 784＋835.2＝5 939.2(元)

会计分录如下：

借：其他业务支出　　　　　　　　　　　　5 939.2

　　贷：主营业务成本——客房部——洗涤费　　5 939.2

（4）收到洗涤费时：

借：银行存款　　　　　　　　　　　　　　8 017.92

　　贷：应收账款　　　　　　　　　　　　　8 017.92

　　　其他业务利润＝8 017.92－5 939.2＝2 078.72(元)

2.3.3　一次性用品和服装费的核算

1. 一次性用品的核算

客房免费提供给客人的牙具、梳子、拖鞋等一次性用品，都是按照客房应住人数提供的。有些宾客对一次性的用具不喜欢，既不使用也不带走，故楼层服务员可以回收。如加强管理，可以有节约空间。服务员每天发放一次性物品时，应填写"客房消耗用品统计表"，向客房配置一次性用品时应建立监督机制。

酒店一次性用品进货时一般是由总仓库进货，然后由客房部批量领用，存放于客房部的仓库中，每天按实际需用量发放。账务处理如下。

（1）向酒店仓库领用物品时：

借：物料用品——客房部仓库——一次性用品（分品名进行登记）

　　贷：物料用品——酒店总仓库——一次性用品（分品名进行登记）

（2）月末根据客房部实际消耗报表：

借：主营业务成本——客房部——物料消耗

　　贷：物料用品——客房部仓库——一次性用品

月末应进行盘点，确认是否账实相符，如不相符则查明原因作相应处理。

采用以上方法，逐项登记一次性用品，有利于物资监管，但缺点是核算比较复杂。在实际工作中也可采用倒挤的方法进行计算。

采用倒挤法是按照客房部批量领用的数额先直接记入"业务间接费用"账户，月末倒挤出本月实际消耗数额，然后从"业务间接费用"账户转入"主营业务成本"或"销售费用"账户。这种方法核算简便，但不利于物资监管。

【小贴士 2-9】"业务间接费用"账户的使用

在实务中，当有些费用发生时，不能分清应负担的部门，可先在此账户中进行归集，期末根据实际情况再结转到相关成本或费用账户；或者在有些费用发生后，当月不能全部转销时，也可先在此账户中核算。本账户属于成本类账户，期末可以保留余额。

2. 服装费的核算

一般酒店服务员都会统一着装，高级酒店的服装一般档次比较高，价格比较贵，因此在购进时可以按照各部门所购的服装计入到相应部门的服装费用中。

酒店的服装一般列入低值易耗品中，按照五五摊销法将此项费用计入到相应的费用中。也有的酒店将已领用的服装计入"长期待摊费用"中，按照 2—3 年的时间进行摊销。

【例 2-16】 某酒店购进 30 套前台服务员服装，平均每套 2 000 元。该酒店采用五五摊销法摊销低值易耗品。则：

领用时先摊销成本的 50％：

借：销售费用——服装费（30×2 000÷2）　　　　　　　30 000
　　贷：低值易耗品——服装——库存　　　　　　　　　　30 000

以后报废时再摊销成本的 50％：

借：销售费用——服装费　　　　　　　　　　　　　　30 000
　　贷：低值易耗品——服装——库存　　　　　　　　　　30 000

【例 2-17】 沿用［例 2-16］资料，如果该酒店采用分期摊销法，服装摊销期为 2 年。则：

领用时：

借：长期待摊费用——服装费　　　　　　　　　　　　60 000
　　贷：低值易耗品——服装——库存　　　　　　　　　　60 000

每月末摊销时：

借：销售费用——服装费（60 000÷24）　　　　　　　　2 500
　　贷：长期待摊费用——服装费　　　　　　　　　　　　2 500

借 鉴 与 案 例

培养酒店全员营销意识

美国酒店大王斯塔特勒曾经说过："谁是酒店的销售人员？是所有员工。"酒店的营销活动由内、外两个方面组成。外部营销的目的是开拓市场、增加客源、宣传自己、树立形象，这主要是营销部门的工作。内部营销的主要目的则是争取回头客和提高客人消费额，这显然是所有部门特别是为客人提供直接服务的前台各部门的一项重要职责。因

此，酒店的每一位员工都要具备销售意识。那么，酒店员工的销售意识包括哪些内涵呢？我们通过下面四个服务案例来阐述。

1. 出色地完成本职工作

一天上午，某酒店洗衣场员工小袁像往常一样，认真地检查收洗的客衣。当检查到 937 房客人的衣物时，她发现一件蓝衬衣上的小领扣碎了。她立即征求了客人意见，客人说这件衣服是在国外买的，扣子是特制的，可能不好配。但因为碎的是领扣，客人请小袁尽量想办法配上，同色相似的也可以，他第二天要穿这件上衣会客。小袁答应了客人的要求，回到洗衣场，找遍了酒店的所有备用扣，发现确实没有这样的扣子。情急之下，聪明的小袁灵机一动，想到了用强力胶把他粘上。事不宜迟，小袁立即去工程部借来最好的强力胶，在台灯下仔细地拼接和粘连纽扣，20 分钟后，扣子终于被完整无缺地粘好了，小袁又一针一线地把它缝在衬衣上。当完整洁净的衬衫被送回客人房间时，客人惊叹不已，忙问扣子是在哪里买的，他的朋友有一件衬衫也配不上这种扣子，当得知扣子是用胶粘上时，他竖起了大拇指，夸奖道："一流的服务，加上聪明的员工，我服了！"可以肯定的是，这位客人下次一定还会住这家酒店。

"重要的不是拉来客人，而是留住客人"，做好本职工作即是营销。酒店员工在各自岗位上做好自己的工作，通过提供优质服务争取回头客；用优质服务树立酒店整体的良好形象，并通过宾客对酒店的满意度对外作宣传。同时，员工的优质服务又能够提高人均消费额。在合理收费的前提下，宾客的人均消费额越来越高，说明宾客在酒店消费得越满意，酒店的综合效益越好。

2. 及时捕捉销售机会

几位客人到杭州某酒店商场购物,在茶叶专柜前,他们看了看标价。便议论到:"这儿东西贵,我们还是到外面去买吧!"这时,服务小姐便走上前,关切地说:"先生们去外边买茶叶一定要去大型商场,因为市场上以次充好的茶叶很多,一般是很难辨别的。"客人立即止步问道:"哪家商场比较好?怎样区分茶叶的好坏呢?"服务小姐耐心地回答客人的问题,告诉客人如何区分茶叶的等级,如何区分茶叶的好坏,又介绍了本商场特级龙井的特点,价格虽略高于市场,但对游客来说,买得称心、买得放心是最重要的。几位客人听了小姐的介绍,都爽快地买了几盒茶叶,做成了一笔较大的生意。

酒店员工由于和客人直接接触,常常面临许多销售机会,因此,全体员工除按服务规程提供规范化服务之外,还需积极、主动、创造性地推销酒店的各项产品与服务。在这点上,酒店一方面要对员工进行相应的销售知识与技巧的培训;另一方面酒店也应充分创造条件,在制度上给予支持,如给予前台人员一定的折扣和优惠的权限。

3. 熟悉整个酒店的服务工作

某年圣诞节前的一个晚上,南京某酒店总机当班的李小姐,接到某外贸公司的一位客人的电话,询问圣诞节活动一事,并说曾打电话给另一家酒店,那家酒店的总机接待员告之订票处已下班,于是他转而打电话到该酒店询问。李小姐是个有心人,事先已经将酒店的圣诞节安排了解得一清二楚,于是她马上热情、细致地把酒店圣诞节活动安排的有关情况向客人一一作了介绍。客人听了非常满意,第二天,他们来酒店订了35张圣诞节的活动票。

完整的营销过程是为客人全方位服务的过程,员工应了解酒店产品的信息。酒店中有许多分工不同的部门和岗位，他们各司其职，但当宾客需要帮助时，他会随便向任何一位服务员询问，因为他认为酒店中每一位服务员都有义务为他服务。因此，酒店服务人员所掌握的不应局限于本部门或本岗位所需的专业知识和能力，而应拓展至酒店服务与管理所需的专业知识和能力，以便全面满足宾客需求。因此，酒店的一些营销活动，也应该让员工了解详细情况，如美食节的时间、地点、菜肴特点、厨师特长以及一些典故……

4．要有全局观念

某四星级酒店总经理与三位客人在咖啡厅商谈工作。服务员上来给各位倒咖啡，其中一位客人因胃不适，要了红茶。其间总经理去接电话，三位客人去洗手间，都离座了。等大家都回到座位上时，桌上的杯子里都加满了咖啡，连那杯红茶也变成了咖啡。客人把一位服务员叫过来，问道："怎么这杯红茶也倒上了咖啡？"服务员马上解释到："这不是我倒的，我去问一下谁倒的。"说完，转身就走开了。过一会，这位服务员过来对着客人指着吧台上的另一位服务员说："您瞧，是她倒的。"说完，转身又走开了。服务员"追究责任"的做法，严重损坏了酒店的形象。实际上，这件事情的处理很简单，服务员只需以酒店代表的身份向客人道歉，并给客人换上红茶即可。

酒店员工销售意识的内涵包括：（1）出色地完成本职工作；（2）及时捕捉销售机会；（3）熟悉整个酒店的服务工作；（4）有全局观念。

（资料来源：无忧培训网，http://www.51tr.com/articles/1188561340122750.html）

第 3 章

酒店餐饮部的会计核算

引言

　　餐饮部是酒店主要的业务部门之一。餐饮工作的好坏既影响酒店的声誉,也影响酒店的经济效益,更会影响酒店的竞争力。酒店的营业收入主要来自客房、餐饮、娱乐和购物四个方面。虽然每个酒店的餐饮收入在总收入中所占的比例,会受到酒店外部许多因素的影响而各不相同。但一般来说相对于固定的客房数所决定的最高日客房收入来说,餐饮收入则更具波动性和伸缩性。餐饮部可以通过延长营业时间、增加外卖收入等途径来提高餐饮收入。因此,加强餐饮部的管理和核算,是酒店管理和核算的重要环节。

3.1 餐饮部管理与核算概述

3.1.1 餐饮部管理概述

1. 餐饮部管理的目标和内容

酒店餐饮部是为客人提供就餐场所和器皿,从事餐饮产品的加工烹制,及时供应客人食用,并为客人提供服务性劳动的部门。餐饮部管理成功与否,直接影响到整个酒店的利益和声誉。

餐饮部管理的目标主要是营造怡人的进餐环境、供应可口的菜点酒水、提供优质的餐饮服务、取得满意的社会效益和经济效益。餐饮管理的内容可概括如下:

(1)根据市场需求,制定菜单。

(2)开发餐饮新品种,创造经营特色。

(3)加强餐饮推销,增加营业收入。

(4)强调食品卫生,确保饮食安全。

(5)控制餐饮成本,提高盈利水平。

(6)保持并不断提高食品和服务质量。

2. 餐饮部的组织结构

合理的组织结构和科学分工,是做好餐饮工作的前提。但由于各个酒店在规模大小、经营特色、设备设施、员工素质等方面存在差异,所以餐饮部的组织结构也不尽相同。一般来说,餐饮部由采购保管、厨房、餐厅、宴会厅和管事部等几个部门组成(管事部主要负责厨房、餐厅、酒吧等处的环境卫生,有的酒店餐厅等公共场所由公共区域组负责打扫)。餐饮部大多采用四级管理体制,即部门经理、主管、领班和服务员。

3.1.2　餐饮部成本核算的特点

餐饮部制作的产品与其他工业企业不同,其生产过程短,花色品种多,数量零星,有时几种餐饮产品同时使用一种原材料同时烹制,不可能在烹制过程中对每一种菜肴作耗用记录。所以,耗用的原材料有时很难划分给某一品种。由于餐饮部的餐饮产品销售与生产是密切结合的,除原材料进价成本外,其他如职工工资、管理费用等,很难分清用于哪个环节,难以分别核算,所以,餐饮部成本核算的显著特点是:

(1) 餐饮产品成本主要计算原材料成本。

(2) 单一产品的成本核算难度大。

(3) 餐饮产品成本构成简单。

【小贴士 3-1】　餐饮成本与企业产品成本的区别

餐饮成本的构成范围与一般企业不同:企业产品成本一般包括原材料、燃料和动力、直接人工、制造费用等。而餐饮部的餐饮产品成本,只包括耗用的原材料,也就是组成餐饮产品的主料、配料和调料三大类。燃料、工资和其他费用等记入"销售费用"账户,不计入酒店制品的成本。

3.1.3　餐饮部经营业务流程

在酒店中,餐饮部是唯一生产实物产品的部门,其产品是直接入口的食品,并且通过销售和服务直接供应给客人就地消费。其业务流程如图 3-1 所示。

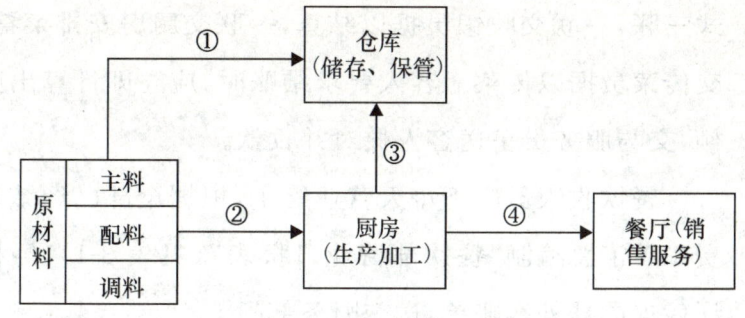

图 3-1　餐饮部经营业务流程

说明：① 验收；② 验收、直拨；③ 领用；④ 制成品。

　　餐饮部成本管理，一方面应精确地计算原材料的消耗和成本的形成；另一方面应检查产品销售毛利及物价政策的贯彻执行情况，努力使酒店餐饮成本水平达到设计要求。

【小贴士 3-2】　餐饮产品的原材料

　　餐饮部门用以烹制餐饮产品的原材料大致可以分为三类，即主料、配料(也称辅料)和调料。这三类原料是核算餐饮产品成本的基础，称为餐饮产品成本三要素。其中，主料是制成各个单位产品的主要原料，如鸡、鸭、鱼、肉、蛋、海鲜、珍品、蔬菜、豆制品、面粉、大米等。配料是制成各个单位产品的辅助材料，其中以各种蔬菜为主，鱼、肉、家禽等次之。调料是制成品的调味用料，如油、盐、酱、醋、味精、胡椒等，它在单位产品里用量很少，但却是必不可少的。

3.2　餐饮部营业收入的核算

3.2.1　营业收入的核算流程和账务处理

　　餐饮部营业收入的具体核算流程，每个酒店不尽相同，但基本流程大致一样。服务员根据客人要求填写点菜单一

式三联,一联交收银员据以结算,一联交厨房安排菜肴,一联交传菜员据以传菜。客人要求结账时,应立即计算出应付款额,交与服务员呈送客人核对并收款。

餐饮收银员应于每天营业终了,根据全部已经结算的餐费账单汇总编制"餐饮部营业日报表"(见表 3-1),经核对无误后连同挂外客账单,送交财务部门。

表 3-1

某酒店餐饮部营业日报表

2009 年 5 月 1 日 金额单位:元

项目 餐别	用餐台人数		菜品(含冷菜)	海鲜	主食(面点)	酒水	合计	结 算				
	台数	人数						现金	挂账	餐券	应酬	合计
早餐	40	120			1 650		1 650	1 032		618		1 650
午餐	45	250	2 720	896	402	1 920	5 938	4 556	1 382			5 938
晚餐	54	324	4 652	1 754	550	2 854	9 810	4 938	4 372		500	9 810
本日合计	139	694	7 372	2 650	2 602	4 774	17 398	10 526	5 754	618	500	17 398
本月累计												

转外客	户名	金额	户名	金额	户名	金额	户名	金额
	新亚公司	2 764	联合机电	1 530	李伊	386		
							外客小计	4 680

转寓客	户名	金额	户名	金额	户名	金额	户名	金额
	512 房 王春雨	136	108 房 张小娴	227	1208 房 王娜	402	2802 房 谢恬	103
	906 房 于新	206					寓客合计	1 074

备注								

餐厅主管: 制表:

客房寓客在餐厅消费挂账时,餐厅收银员应填写"寓客消费挂账通知单",请客人签字认可后送交客房前台,以便及时计入客人的账单。财务部门按餐厅营业日报表反映的客人挂账单总金额列为内部往来,记入"其他应收款——客房寓客"账户。

财务部门根据当天餐饮营业日报表（表 3-1）作会计分录
如下：

借：库存现金	10 526
应收账款——新亚公司	2 764
——联合机电	1 530
——李伊	386
其他应收款——客房寓客	1 074
管理费用——应酬费	500
贷：主营业务收入——菜品	7 372
——海鲜	2 650
——面点	2 602
——酒水	4 774
——房金	618

回收的早餐券 618 元用红字冲减房价收入，是反映房价
折让使得收入减少。

由于财务部门对客房寓客挂账是按照餐厅营业日报表
反映挂账寓客总额入账的，所以月末应与客房收到餐厅当月
转来的"寓客挂账通知单"的总额核对相符，如有出入，双方
应逐笔核对，查明差异及时处理。

3.2.2　餐饮产品毛利率及价格的制定

为客人提供住宿、餐饮是酒店最基本的职能。就两者而
言，餐饮收入在现代酒店经营中占有越来越重要的位置。与
客房收入相比，酒店获取餐饮收入的潜力更大。

餐饮产品是一种特殊的商品，其价格合理与否直接影
响酒店及其消费者的切身利益。所以，制定其价格时要兼
顾两者的利益。餐饮产品的价格是以该产品所耗的原材料

成本为基础确定的,实务中一般是通过毛利率来控制和体现的。

餐饮产品毛利率的计算方法有两种:成本毛利率和销售毛利率。

1. 利用成本毛利率法确定销售价格

成本毛利率法,是根据餐饮产品的成本和成本毛利率来计算产品销售价格的定价方法。这种方法在餐饮行业中也称为"外加法"。其计算公式如下:

$$成本毛利率=\frac{毛利额}{产品成本}$$

$$产品销售价格=产品成本\times(1+成本毛利率)$$

$$毛利额=销售收入-产品成本$$

【例 3-1】 某酒店餐饮营业收入为 57 400 元,营业成本为 37 210 元。一份鱼香肉丝的原材料价格为 6.7 元,按成本毛利率计算一份鱼香肉丝的销售价格。

$$成本毛利率=\frac{57\ 400-37\ 210}{37\ 210}\times100\%=54.26\%$$

$$鱼香肉丝的销售价格=6.7\times(1+54.26\%)=10.34(元)$$

2. 利用销售毛利率法确定销售价格

销售毛利率法,是根据餐饮产品的成本和销售毛利率来计算产品销售价格的定价方法。这种方法在餐饮行业中也称为"内扣法"。其计算公式如下:

$$销售毛利率=\frac{毛利额}{销售收入}$$

$$产品销售价格=\frac{产品成本}{1-销售毛利率}$$

【例 3-2】 仍按[例 3-1]数据计算:

$$销售毛利率=\frac{57\ 400-37\ 210}{57\ 400}\times100\%=35.17\%$$

$$鱼香肉丝的销售价格=\frac{6.7}{1-35.17\%}=10.34(元)$$

3. 毛利率的换算

从财务分析的角度,销售毛利率法优于成本毛利率法。因为财务会计中许多指标都是以营业额为基数计算的,如销售利润率、资金周转率等,这和销售毛利率的计算口径一致。但从计算角度看,成本毛利率法简便,因为成本毛利率是用外加法,而销售毛利率是用内扣法。在实际工作中,两者经常换算。换算公式如下:

$$成本毛利率 = \frac{销售毛利率}{1 - 销售毛利率}$$

$$销售毛利率 = \frac{成本毛利率}{1 + 成本毛利率}$$

【小贴士3-3】 毛利率换算对照表

销售毛利率(%)	成本毛利率(%)	销售毛利率(%)	成本毛利率(%)	销售毛利率(%)	成本毛利率(%)	销售毛利率(%)	成本毛利率(%)	销售毛利率(%)	成本毛利率(%)
21	26.6	27	37	33	49.3	39	63.9	45	81.8
22	28.2	28	38.9	34	51.5	40	66.7	46	85.2
23	29.9	29	40.9	35	53.9	41	69.5	47	88.7
24	31.46	30	42.9	36	56.3	42	72.4	48	92.3
25	33.3	31	44.9	37	58.7	43	75.4	49	96.1

3.3 餐饮部成本的核算

餐饮营业成本是酒店在经营餐饮业务中所发生的直接成本,包括餐饮原材料成本、商品进价成本等。餐饮成本核算与控制是酒店有效提高经营效益的重要内容。

3.3.1 原材料的管理与核算

1. 原材料管理的内容

(1) 领用。餐饮部相关人员在领用原材料时,必须做到数量准确,价格能随货同行。

（2）库存。每月末结账前必须进行清库盘点,同时定期对厨房已领用原材料进行盘点。

（3）记账。对高档原材料从总库领用后要由保管人进行收发记录,对贵重海鲜要实行建账管理。

2. 原材料采购的核算

餐饮部门需要采购原材料时必须填写"原材料采购申请单"（表 3-2）,经业务主管批准后,交采购员采购或通知供货商送货。"原材料采购申请单"上必须详细注明部门名称,以便财务部门对该部门的成本进行单独核算。

表 3-2

原材料采购申请单
年　　月　　日

品　名	单　位	单　价	申购数量	批　注		备　注
				数　量	金　额	

审批人:　　　　　　　　　　　厨师长:

酒店原材料,大都由固定的供应商提供,也有少部分是由采购员采购。无论采用哪一种方式,在采购时均先通过"应付账款"账户核算。采购员借支备用金后,报销采购账款时,按报销金额支付现金。

【例 3-3】 采购员王哲预借备用金 4 500 元,以现金支付。

借:其他应收款——备用金——王哲　　　　　　　　　　4 500

　　贷:库存现金　　　　　　　　　　　　　　　　　　　　4 500

【例 3-4】 采购员王哲采购海鲜 1 500 元,由仓库管理员验收,并填制"验收单",交由厨房收货。

借:主营业务成本——海鲜   1 500

  贷:应付账款——王哲   1 500

    酒店购进的鲜活商品和干货等物资,绝大部分是由本地区供货商提供,或是由采购员直接采购,没有运杂费。所以不必通过"物资采购"账户核算,而直接在"主营业务成本"账户中核算。

【例 3-5】 采购员张梁采购一批餐具价值 2 000 元,由仓库保管员验收入库,并填制"入库单"。

借:物料用品——餐具   2 000

  贷:应付账款——张梁   2 000

【例 3-6】 采购员张梁报销购进餐具的费用 2 000 元,以现金支付。

借:应付账款——张梁   2 000

  贷:库存现金   2 000

【例 3-7】 收到清风纸业提供的餐巾纸 15 箱,价值 1 630 元,由仓库保管员验收入库,并填制"入库单"。

借:物料用品——餐巾纸   1 630

  贷:应付账款——清风纸业   1 630

【例 3-8】 收到乐凯烟酒经销处一批酒水 15 300 元,由仓库保管员验收入库,并填制"入库单"。

借:库存商品——酒水   15 300

  贷:应付账款——乐凯烟酒经销处   15 300

【例 3-9】 经酒水经销员核对查明,乐凯烟酒经销处送来的酒水已售出 8 320 元,开来发票并附原由酒店开给的入库单。从银行支付货款。

借:应付账款——乐凯酒水经销处   8 320

  贷:银行存款   8 320

【小贴士3-4】 领用人领用物品需填写领料单,交部门负责人签字,保管员审核后,根据领料单发放物品。领料单一式三联,其中一联由领料人留存,财务联由仓库保管员送财务部门记账,存根联留存仓库。

实体之间物品调拨,由需方填写调拨单,负责人、领料人、发料人签字必须齐全,第一联为领料方保管记账联,第二联为领料方财务记账联,第三联为发料方财务记账联,第四联为发料方保管记账联。

3. 原材料入库和发出的核算

原材料入库前应由保管员验收。其中粮食类、干货类、调味类均由仓库验收入库,并填制一式三联"入库单"(表3-3)。

表3-3

某酒店原材料入库单

年　月　日

品　名	规　格	单　位	数　量	单　价	金　额	备　注
合计	万 仟 佰 拾 元 角 分				￥	

仓库保管员:　　　　　　　　　　　采购员:

每日生鲜直拨时,有关部门应派出厨师等人员进行现场验收,并填开验收单一式三联,一联交仓库留存,一联交财务入账,一联交送货人据以结算货款。然后直接交厨房收货使用。

　　酒店采购的物品到货之后,鲜活商品全部交由厨房,其他的比如干货、调料、酒水等全部送交仓库保管。因此领用时要由领料部门填制"领料单","领料单"的格式与入库单相同,也是一式三联,一联交仓库记保管账,一联交财务入账,一联交领料部门存查。

　　【例 3-10】 面点房领用面粉等 1 560 元。

　　　　借:主营业务成本——面点 　　　　　　　　　　1 560

　　　　　　贷:原材料——面粉 　　　　　　　　　　　　　1 560

　　【例 3-11】 厨房领用调料价值 2 730 元,其中,2 340 元用于菜品,390 元用于海鲜。

　　　　借:主营业务成本——菜品 　　　　　　　　　　2 340

　　　　　　　　　　　　——海鲜 　　　　　　　　　　　　390

　　　　　　贷:原材料——调料 　　　　　　　　　　　　2 730

　　4. 原材料采购、入库和结算的流程

　　酒店在原材料采购、入库和结算过程中应制定合理的运转流程,该流程不仅要有利于工作环节的衔接,也要体现内部控制制度的实行。图 3-2、图 3-3 和图 3-4 为某酒店在原材料采购、入库、结算等环节的运转流程。

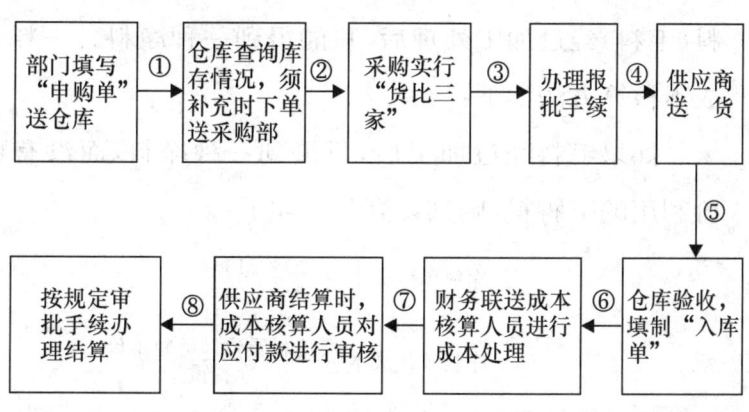

图 3-2　物资采购、入库和结算流程

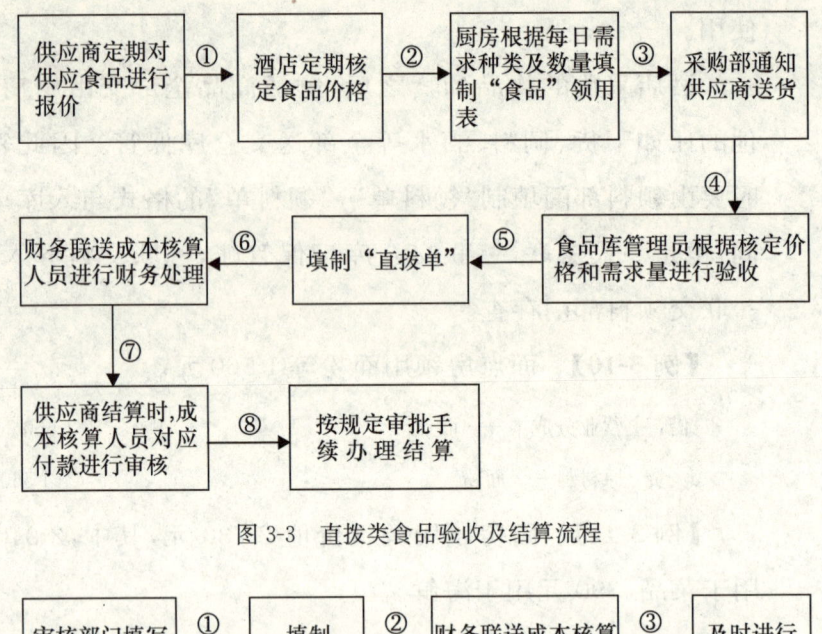

图 3-3　直拨类食品验收及结算流程

| 审核部门填写的申领物资 | ① | 填制"出库单" | ② | 财务联送成本核算人员进行财务处理 | ③ | 及时进行账务核对 |

图 3-4　物资出库流程

3.3.2　原材料成本的核算方法

1. 主配料净料成本的核算方法

主配料净料成本的核算，是餐饮成本核算的重要环节。

（1）一料一档成本的核算方法。所谓一料一档，是指原料（毛料）经过加工处理后，只能得到一种净料。一料一档的成本核算方法如下：

如果毛料经过加工后，只得到一种净料，而没有可以作价利用的下脚料，则其计算公式如下：

$$净料单位成本 = \frac{毛料总值}{净料总值}$$

或：

$$净料单位成本 = \frac{毛料重量 \times 毛料单价}{净料重量}$$

如果毛料经过加工后，只得到一种净料，但同时又有可

以作价利用的下脚料,则其计算公式如下:

$$净料单位成本=\frac{毛料总值-下脚料的价款}{净料重量}$$

（2）一料多档成本的核算方法。所谓一料多档,是指原料（毛料）经过加工处理后,得到一种以上的净料。那么就应当分别计算每一种净料的成本。

2.半成品成本的核算方法

半成品是指原料已经初步熟处理,但还没有完全加工为成品的净料,如肉丸、白煮肉等。半成品根据加工方式的不同,可分为无味半成品和调味半成品,计算公式如下:

$$无味半成品单位成本=\frac{原料进价总额-副产品总值(含下脚料价值)}{半成品重量}$$

$$调味半成品单位成本=\frac{原料进价总值-副产品总值(含下脚料价值)+调料成本}{半成品重量}$$

3.熟制品成本的核算方法

熟制品也称制成品,是指经过加工处理后进行熟处理的半成品或成品,多系卤、熏、拌、煮、烤等方法加工而成,可以用作冷盘菜肴的制成品。其计算公式如下:

$$熟制品单位成本=\frac{毛料总值-下脚料总值+调料价值}{熟制品重量}$$

4.调料成本的核算方法

餐饮产品的生产加工,基本上可分为两种类型,即单件生产和批量生产。单件生产以各类热炒菜为主,批量生产以卤制品和各种主食、点心为主。因此,调料的成本核算须根据不同类型的生产加工,采用不同的方法。

（1）单件生产调料成本的核算方法。核算这一类产品的调料成本,先要把各种调料的用量估计出来,然后根据其购进单价分别计算出其价款,最后加以合计即可。

（2）批量生产调料成本的核算方法。核算这一类产品的调料成本分两步进行。第一步,先计算出该产品的各种调料成本,并汇总算出调料的总成本。第二步,用调料中成本除以产品总量(或重量),求出每一单位产品的平均调料成本。

5. 净料率的应用

从上述主配料成本核算的方法可以看出,要计算主配料的成本,首先必须知道其拆卸、半制和熟处理后的重量,否则就不可能计算出它的净料单位成本。但是,由于酒店餐饮部每天购进的原材料品种和数量都很多,对于原材料处理后的净重,不可能每一样都过秤,否则工作量就太大。因此,餐饮业在长期的实践中总结出净料重量变化的规律,即原料的净料重量和毛料重量之间通常保持一个相对稳定的比率关系,这个比率就是净料率。利用净料率可以直接推算出净料重量或净料的单位成本。净料率的计算公式如下:

$$净料率 = \frac{净料重量}{毛料重量}$$

【例 3-12】 某酒店购进干笋干 12 千克,已知干笋干的净料率为 450%,求可涨发多少水发笋干?

$$净料重量 = 12 \times 450\% = 54(千克)$$

即可涨发 54 千克水发笋干。

利用净料率还可以直接将毛料成本单价换算为净料成本单价,从而方便了各种主配料成本的计算。

【例 3-13】 假定鲜猪肚的单价为 36 元/千克,如猪肚的熟品率为 60%,熟猪肚的单价为多少?若一盘"凉拌肚丝"需要猪肚 250 克,则该菜肴熟猪肚的成本是多少?

$$熟猪肚的单价 = 36 \div 60\% = 60(元)$$

$$\text{该菜肴熟猪}\atop\text{肚的成本}=60\times(250\div1\,000)=15(元)$$

净料率是餐饮成本核算的重要参数,熟悉和掌握一些常见主配料的净料率会给成本核算工作带来许多方便。

6. 成本系数的应用

成本系数是指某种原料经加工处理和核算后,所得净料的单位成本与毛料单位成本之比。成本系数可用来解决某些主配料由于市场价格的变化,而需要重新计算净料单价及成本的问题。利用成本系数能方便、迅速、准确地计算出价格变化后净料的单价。

成本系数的计算公式如下:

$$成本系数=\frac{净料单位成本}{毛料单位成本}$$

$$价格变化后的净料单价=毛料新进价\times成本系数$$

【例3-14】 某酒店3月份购进某种原料40千克,单价为24元,经加工后得到净料16千克(废料不能利用)。如果7月份该原料的单价为28元,则该原料的净料单价计算如下:

$$3月份购进原料的净料单价=(40\times24)\div16=60(元/千克)$$

$$该原料的成本系数=60\div24=2.5$$

$$6月份价格变化后的净料单位成本=28\times2.5=70(元/千克)$$

3.3.3 餐饮成本的构成和计算

1. 餐饮成本的构成

餐饮成本指构成餐饮产品的原材料成本,由食品成本和饮料成本两大部分组成。

(1) 食品成本。

$$食品成本=主料成本+配料成本+调料成本$$

（2）饮料成本。饮料成本分为瓶装、罐装和调制成本两大部分。

瓶装、罐装饮料成本是指各种酒水的进价成本，是餐饮成本的重要组成部分。

调制饮料成本＝基酒成本＋辅料成本＋配料和装饰物成本

2. 餐饮成本核算的内容和环节

（1）收集餐厅等营业收入报表，统计各用餐时间营业收入及其明细项目、客人的平均消费、就餐人数等。

（2）收集食品直拨单、出库单，统计厨房、餐厅成本及其明细项目。

（3）每月末对仓库盘点，编制盘点表，确保账实相符。

（4）根据各明细核算项目编制记账凭证。

（5）编制相关成本核算明细表。

财务部每月应编制食品成本分析报表，反映当月食品实际成本额、成本率、毛利率、消费人数及人均消费额等情况，评估成本变动的原因，提高成本控制水平。图 3-5 为成本核算环节图。

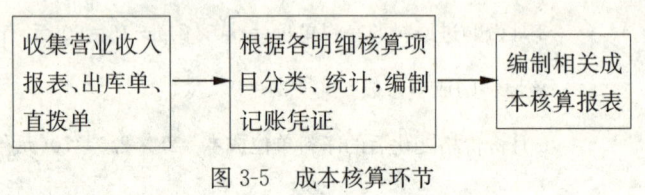

图 3-5　成本核算环节

3. 餐饮成本的计算

酒店餐饮成本的计算一般采用倒挤法，计算公式如下：

$$\text{本月餐饮实际成本}=\text{上月末原材料盘存金额}+\text{本月购进和领用金额}-\text{本月末原材料盘存金额}$$

【例 3-15】　世纪大酒店，上月末厨房原材料盘存 17 500 元，本月收到原材料总额为 67 350 元，向仓库领用原材料 13 450 元，均用于菜品成本项目，本月末厨房菜品项目的原材料盘存 16 730 元。

本月菜品成本＝17 500＋67 350＋13 450－16 730＝81 570(元)

编制会计分录如下：

（1）上月末厨房原材料盘存转入成本：

借：主营业务成本——菜品　　　　　　　　　17 500

　　贷：原材料——菜品　　　　　　　　　　　　17 500

（2）购进原材料：

借：主营业务成本——菜品　　　　　　　　　67 350

　　贷：应付账款　　　　　　　　　　　　　　67 350

（3）从仓库领用原材料：

借：主营业务成本——菜品　　　　　　　　　13 450

　　贷：原材料　　　　　　　　　　　　　　　13 450

（4）本月末厨房原材料从成本转出：

借：原材料——菜品　　　　　　　　　　　　16 730

　　贷：主营业务成本——菜品　　　　　　　　16 730

（5）本月菜品营业成本结转"本年利润"：

借：本年利润　　　　　　　　　　　　　　　81 570

　　贷：主营业务成本——菜品　　　　　　　　81 570

餐饮成本一般是每月结转一次。餐饮原材料很大一部分是鲜活商品，按照市价入账，干货和调料也是按照市价入账。对于进货价格有较大变动的原材料可以采用加权平均法计价。

3.3.4　餐饮成本核算的方法

1. 餐饮产品总成本的核算方法

由于餐饮产品具有种类多、数量零星的特点，因此在实际工作中如果按每一道菜（或主食品）核算其单位成本，成本计算工作将十分繁重。为了减轻成本计算工作量，酒店业餐饮产品的成本通常按总成本或大类成本计算。餐饮产品总成本的计算与结转可分别采用永续盘存法和实地盘存法。

（1）永续盘存法。永续盘存法是指按厨房实际领用的原材料数额计算与结转已销售餐饮产品总成本的一种方法。这种方法适用于设置领料制的酒店，在永续盘存制的前提下，企业可增设"在产品"账户。每次领料根据领料单借记"在产品"账户，贷记"原材料"账户。"在产品"账户用来核算厨房已经领用的原材料，本账户月末余额为尚未加工完毕或未销售的餐饮产品成本。月末时应对厨房未消耗或未销售的原材料、半成品和产成品进行盘点，填制盘点表上交给财务部门计价，以此来确定结存余额。而本期的营业成本数额则为"在产品"账户期初余额与本期发生额合计、扣除期末结存余额的差额。计算出已销产品成本时，编制借记"主营业务成本"账户，贷记"原材料"账户的会计分录，通过"主营业务成本"账户来反映原材料投入生产加工过程以及餐饮产品成本形成的情况。

【例3-16】 甲酒店餐饮部餐厅原材料实行领料制。本月从库房共领用原材料147 820元，财会部门根据库房领料汇总表等有关凭证，账务处理如下：

借：主营业务成本——餐厅 147 820

　　贷：原材料——各类原材料 147 820

注：为了讲述方便，将日常领料均集中在一个会计分录中说明。

酒店的餐饮部门一般在月末一次计算成本，月末时根据"主营业务成本"账户可以取得领用原材料的总额，并据以计算已销餐饮产品成本。如果厨房当月领用的原材料全部消耗，产品全部售出，则已销产品的成本就等于"主营业务成本"账户借方发生额；如果厨房当月领用的原材料并未全部消耗掉，则剩余部分应当扣除，此时已销产品成本按照以下公式计算：

$$\substack{\text{已销餐饮} \\ \text{产品成本}} = \substack{\text{月初"主营业务"} \\ \text{成本"账户余额}} + \substack{\text{本月"主营业务"} \\ \text{成本"账户发生额}} - \substack{\text{月末厨房剩余} \\ \text{原材料盘存额}}$$

"月末厨房剩余原材料盘存额"（包括已领未用的原材料、未售出半成品、产成品），按照规定应办理退库手续，并从"主营业务成本"账户中扣除，以保证账实相符。在会计实务中，计算厨房剩余原材料的盘存额的方法有以下两种：

第一种方法：办理"假退料"手续。

即原材料实物不动，仍存放在厨房，只是填制一份本月份的退料单，表示该余料已经退库；同时编制一张下月的领料单，表示该项余料又作为下月份的领料出库。财会部门根据各用料部门填制"红字领料单"（表示退料），账务处理如下：

借：主营业务成本　　　　　　　　　　　　　　××

　贷：原材料　　　　　　　　　　　　　　　　××

第二种方法：仍保留在"主营业务成本"账户中。

即根据上述公式计算出已销餐饮产品成本，从"主营业务成本"账户转出，以"主营业务成本"账户余额控制厨房月末盘存的实物。

通过上述结转，"主营业务成本"账户余额即为当月已销餐饮产品的总成本。

【例 3-17】 乙酒店餐厅进行餐饮产品生产而领用的各种原材料直接记入"主营业务成本"账户。2008 年 12 月，该餐厅"主营业务成本"账户和厨房餐厅该月末各种原材料结存额等相关资料如表 3-4、表 3-5 所示。

表 3-4

主营业务成本

编制单位：餐厅

2008年		凭证号数	摘　要	对方科目	借　方	贷方	借或贷	余　额
月	日							
12	1		上月结存				借	5 641.70
	9	（略）	领用主料		87 810.00		借	93 451.70
	14		领用辅料		29 410.00		借	122 861.70
	20		领用燃料		13 330.00		借	136 191.70
	27		领用调料		7 630.00		借	143 821.70
	31		原材料退料		1 162.19		借	142 659.51

表 3-5

厨 房 盘 存 表

编制单位：餐厅　　　　　2008 年 12 月 31 日

编号	品名	牌号及规格	数　量	单位	单　价	金　额									备考
						百	十	万	千	百	十	元	角	分	
（略）	粉丝	（略）	4.50	千克	4.20						1	8	9	0	
	鸡蛋		1.10	千克	5.00							5	5	0	
	海米		5.00	千克	31.00					1	5	5	0	0	
	火腿		5.07	千克	15.00						7	6	0	5	
	麻酱		18.00	千克	1.98						3	5	6	4	
	番茄		19.50	千克	1.20						2	3	4	0	
	标准粉		32.00	千克	1.20						3	8	4	0	
	面包		19.00	千克	1.50						2	8	5	0	
	黄瓜		12.00	千克	0.80							9	6	0	
	黄油		6.00	千克	8.60						5	1	6	0	
	鸡肉		38.00	千克	8.20					3	1	1	6	0	
	猪肉		16.00	千克	8.00					1	2	8	0	0	
	煤		0.875	千克	320.00					2	8	0	0	0	
合计									1	1	6	2	1	9	

由以上两表编制已销制品成本计算表，如表 3-6 所示。

表 3-6

成 本 计 算 表

2008 年 12 月 31 日　　　　　　　　单位：元

部门	"主营业务成本"账户余额			厨房月末盘存额	已销餐饮制品成本
	期初余额	本期发生额	合　计		
(1)	(2)	(3)	(4)＝(2)＋(3)	(5)	(6)＝(4)－(5)
餐厅	5 641.70	138 180	143 821.70	1 162.19	142 659.51
合计	5 641.70	138 180	143 821.70	1 162.19	142 659.51

月末根据"成本计算表"和"厨房盘存表"用红字作假退料转账，编制会计分录如下：

借：主营业务成本——餐厅　　　　　　　　　1 162.19

贷：原材料　　　　　　　　　　　　　　　1 162.19

将上述会计分录记入"主营业务成本"账户，然后求出"主营业务成本"账户余额，即为本月已销餐饮产品成本。

假退料数额在下月初原数冲回，编制与上述会计分录相同的蓝字会计分录如下：

借：主营业务成本——餐厅　　　　　　　　　1 162.19

贷：原材料　　　　　　　　　　　　　　　1 162.19

（2）实地盘存法。实地盘存法是指按照实际盘存原材料的数额，倒算出本期已销餐饮产品所消耗原材料的一种方法。这种方法只适用于小型、会计核算比较简单的餐饮企业。在这些企业里，平时购进原材料无论是入库管理还是直接交由厨房保管使用，在会计核算上全部记入"原材料"账户。在领用原材料时，不办理领料核算手续，财会部门也不作账务处理，待月末时，对库存原材料和厨房剩余已领未用原材料、半成品和未出售产成品进行盘点折算，计算出月末实际剩余原材料总额，然后采取"以存计耗"的办法，运用下列公式,计算求得本期已销餐饮制品耗用原材料成本总额,根据计算结果进行相应的账务处理。

$$\text{本期已销餐}\atop\text{饮产品成本} = {\text{期初原材料}\atop\text{结 存 金 额}} + {\text{本期原材料}\atop\text{购 进 金 额}} - {\text{期末原材料}\atop\text{盘 存 金 额}}$$

【例 3-18】 丙酒店月初原材料结存金额为 21 320 元,本期购进原材料 23 468 元,月末盘点库存原材料 4 786 元,厨房已领未用原材料和待售产品 1 450 元,餐饮产品成本计算如下:

$$\text{本月已销餐}\atop\text{饮产品成本} = 21\ 320 + 23\ 468 - (4\ 786 + 1\ 450) = 38\ 552(\text{元})$$

财会部门根据计算结果编制会计分录如下:

借:主营业务成本　　　　　　　　　　　　　　　38 552

　　贷:原材料　　　　　　　　　　　　　　　　38 552

通过以上计算我们可以发现,不管采用哪种方法计算总成本,对于投入生产过程的原材料,在当月未全部消耗的情况下,都存在计算月末厨房已领未用或未销售原材料结存额的问题。这个问题解决得是否得当直接影响到本期已销餐饮产品成本计算的正确性,对企业的财务成果产生重要影响。因此,企业对实物进行盘点时,应做到计价准确、数量准确、品种齐全,并对未售出半成品、产成品按配料定额和账面价值折合计算其结存金额,如:月末厨房有未用酱油 7 千克,按照酱油与猪肉 1∶1.5 的比例,折算成猪肉 10.5 千克,每千克猪肉 8 元,共折合金额为 84 元。具体折合可通过编制"厨房剩余原材料盘点表"计算得到。

2. 饮食产品单位成本的计算方法

饮食产品生产组织形式分为成批生产和单件生产两种,根据其生产组织形式的不同,其单位成本的计算方法可分为先总后分法和先分后总法。

（1）先总后分法。先总后分法是指先确定每批产品的总成本，然后计算出每一单位产品平均成本的方法。这种方法适用于产品生产按成批组织并且单位产品用原料和规格质量完全相同的产品，如卤制品、主食点心等。单位产品成本计算公式如下：

单位产品成本＝该批产品所耗原材料总成本÷产品数量

（2）先分后总法。先分后总法是指先确定单位产品中所耗用的这种原材料成本，然后逐一相加计算单位产品的总成本的方法。这种方法适用于每一产品用料和规格质量不同的单件产品成本的计算，如炒荤菜等。单位产品成本计算公式如下：

$$\frac{单位产}{品成本}=\frac{单位产品所耗}{用原材料成本}+\frac{单位成本所}{用调料成本}+\frac{单位产品所}{用配料成本}$$

借 鉴 与 案 例

酒店设置最低消费顾客怒点 324 个包子

到酒楼包房吃饭遭遇最低消费，已是遭"多年抗争"仍无法打破的霸王条款；而春节期间涨价，同样也是餐饮业的"潜规则"。消费者郑先生春节期间在广州一酒楼吃饭时就遭遇了双重"潜规则"，不过他用最简单的方法，就让酒楼无奈地取消了最低消费。

他是怎么做到的？

郑先生昨日向记者回忆了事情经过。过年期间，他和同事到珠江新城一酒家吃开年饭，由于经常来，知道房间的最低消费是 1 200 元，订座和点餐的时候，服务员也没有说起"涨价"的事情。到结账的时候，楼面经理才告知，他们的消费是 1 359 元，离最低消费 2 000 元还差 641 元。郑先生说：

"说是春节期间临时调高最低消费，在入口有明示，但我们是从车库直接坐电梯上来的，哪看得到什么告示。而且点餐的时候我们也没被告知。"

让郑先生更生气的是，楼面经理强迫客人消费时还一脸不屑，直接就捧了张餐牌进来，翻开第一页的燕翅鲍，说随便来一两个不就行了。郑先生一下子火了，直接将餐牌翻到最后一页，选了个最便宜的"今日特价"：包子 12 元/半打，要求楼面经理下单：全部要包子，凑足 2 000 元！

这么算起来，酒家大约就要蒸上 324 个包子（以半打为一个销售单位）！

楼面经理一听就傻了，不肯下单，说是没有这么多包子。但郑先生也不让步，"酒楼就是要磨时间逼我们就范，幸好节后公司事情不多，我们也耗得起，一帮人就嘻嘻哈哈看电视，还不时起哄。估计是隔壁房间的客人投诉，再加上还有不少人在等位，最后他们妥协了。"郑先生说，僵持了近 1 小时，终于按实际消费埋了单。

但能像郑先生这样灵机一动"逼"酒家妥协的并不多，记者采访中了解到，大部分人都屈服于最低消费这一霸王条款。虽然工商部门早已明确规定餐厅不能设立最低消费限制，但记者联系各档次的众多餐厅，大多数都设置了最低消费限制。

（资料来源：酒店业论坛，http：//www. haorujia. com/bbs/？ ThreadID＝70＆ViewMode＝0）

第 4 章

酒店康乐部的会计核算

引言

在日益进步的当今社会,人们对于休闲娱乐的追求越来越高。康乐部是酒店为客人提供健身和娱乐的场所,以便为客人提供更高效、更优质的服务。康乐部是现代酒店借以吸引客人,提高酒店知名度和增加营业收入的重要组成部分。酒店的康乐部根据不同的酒店类型设置不同的部门。比如:度假式酒店一般会设置桑拿、游戏厅等;会议式酒店除设置洗浴中心外,还会设置车队等部门,以方便与会者出行。酒店档次不同其所设置的部门也不尽相同。

4.1 酒店康乐部概述

4.1.1 康乐部在酒店中的地位和作用

由于对休闲娱乐的追求日益被人们所接受,康乐部在酒店中的地位和作用也日益显现。

1. 康乐部是酒店提高效益的重要部门

在酒店众多的部门中,康乐部是现代酒店一个新兴起的部门。据不完全统计,康乐设施酒店所在的地区有 70％的年轻人喜欢到酒店的康乐中心去玩乐。而对于那些住宿的客人来说,康乐也是必不可少的活动之一。人们对康乐的需求越来越大,康乐部无疑是酒店提高效益的重要部门之一。

2. 康乐设施是酒店市场竞争的重要因素

康乐部已不单是为评星级而设置。不少客人常常就是因为某酒店的康乐设施完善,或对某一种活动感兴趣而投宿的。所以,康乐设施是否完善,是酒店在市场竞争中能否取胜的重要因素之一。

4.1.2 康乐部的基本功能

按照我国国家旅游局《旅游涉外饭店星级评定标准》的规定,涉外星级酒店必须具备一定的康乐设施。即从涉外旅游酒店星级评定标准来看,康乐部是涉外酒店不可缺少的一个部门。康乐部主要包括健身中心(比如健身房、游泳馆等)、酒吧、棋牌室、舞厅、KTV、美容美发等,其主要功能可归纳为以下几点。

(1) 满足客人体育锻炼的需求。

（2）满足客人健美运动的需求。

（3）满足客人休闲娱乐的需求。

（4）为客人提供高雅、洁净、卫生、安全的康乐场所。

（5）为客人提供康乐技能和技巧指导性服务。

4.2 舞厅和电子游戏机的核算

4.2.1 舞厅的会计核算

酒店的舞厅除向住店宾客开放外，大多也向社会公众开放。舞厅的营业收入主要是靠门票和娱乐者的酒水食品消费。酒店的财务部门根据"舞厅营业日报表"（表 4-1）所反映的当天营业收入作账务处理。

表 4-1

舞厅营业日报表

年　　月　　日

| 营业收入 | 金　　额 | 当天应支付的费用 | 备　　注 |
项　　目			
门票收入		日场费用	
其中：日场		乐队报酬	
夜场		歌手报酬	
吧台收入		夜场费用	
其中：日场		乐队报酬	
夜场		歌手报酬	

财务部门根据"舞厅营业日报表"反映的收入情况编制会计分录如下：

借：库存现金
　　贷：主营业务收入——门票
　　　　　　　　　　——酒水食品

支付给歌手和演员的费用一般定期结算,会计分录如下:

借:销售费用——工资

贷:其他应付款——待付舞厅临时工资

以后支付时:

借:其他应付款——待付舞厅临时工资

贷:库存现金

月末结转舞厅吧台销售成本的会计分录如下:

借:主营业务成本——酒水食品

贷:库存商品——舞厅吧台

4.2.2 电子游戏机的会计核算

酒店电子游戏机的电子游戏种类较多,一般采用自助投币的方式。顾客可向收银员购买游戏币,游戏币由财务部门出纳保管。

电子游戏机的收银员根据业务量的多少向酒店财务部门出纳领取一定数量的游戏币作为周转使用。营业前,游戏机的存币柜是封锁的,每天营业结束时由收银员会同负责人一起打开清点游戏币的数量,然后填制一式两联的"电子游戏机营业收入游戏币缴交单",一联交财务部门入账,一联连同游戏币交出纳员签收,出纳员签收完毕退还收银员作为回执。

酒店应在"其他应收款"和"其他应付款"两个账户下设置"库存游戏币"和"发行游戏币"两个明细账户,核算酒店电子游戏厅业务。

【例 4-1】 世纪大酒店发行电子游戏机游戏币 3 000 枚,每枚定价 1 元,由财务部门出纳保管。电子游戏机的收银员

领取 1 500 枚作为周转用，当天营业结束时开启游戏机的存币柜清点游戏币，共 1 280 枚，交还财务部。收银员用所收到的营业收入的现金 1 000 元向财务部门兑换等值游戏币 1 000 枚。会计分录如下：

（1）发行游戏币时：

借：其他应收款——库存游戏币　　　　　　　　　　3 000

　　贷：其他应付款——发行游戏币　　　　　　　　　3 000

（2）电子游戏厅服务员领取游戏币时：

借：其他应收款——游戏币周转金——（收银员姓名）　1 500

　　贷：其他应收款——库存游戏币　　　　　　　　　1 500

（3）收到电子游戏厅交回的游戏币时：

借：其他应收款——库存游戏币　　　　　　　　　　1 280

　　贷：主营业务收入——电子游戏　　　　　　　　　1 280

（4）收银员用现金兑换游戏币时：

借：库存现金　　　　　　　　　　　　　　　　　　1 000

　　贷：其他应收款——库存游戏币　　　　　　　　　1 000

4.3　洗浴中心和车队的核算

4.3.1　洗浴中心的会计核算

酒店的洗浴中心一般有浴池、蒸汽浴等设施，附近设有吧台为顾客提供烟酒和食品等。蒸汽浴主要有助浴、按摩、修脚、踩背、推拿等保健服务。支付给从事这些服务的技师的报酬一般是计件工资，而且在大多情况下技师个人收入与酒店按已协商好的比例分成。

酒店洗浴中心对外服务时要根据服务内容编制宾客服务账单。每天营业终了根据服务账单编制营业日报表，随后连同当日已结算的账款一起交给财务部门作账务处理。表4-2为蒸汽浴营业日报表。

表4-2

蒸汽浴营业日报表

年　　月　　日

收入项目	计价单位	单价	收入合计		其　　中		分成比例	备　注
			服务量	金　额	酒店收入	服务人收入		
蒸汽浴	人次	40	100	4 000	4 000			收入
助　浴	人次	25	10	250	125	125	5:5	全部
按　摩	分钟	60	50	3 000	1 200	1 800	4:6	现金
修　脚	人次	20	150	3 000	1 200	1 800	4:6	
推　拿	人次	25	25	625	312.5	312.5	5:5	
踩　背	人次	20	30	600	300	300	5:5	
酒　水				2 400	2 400			
合　计				13 875	9 537.5	4 337.5		

酒店财务部门根据表4-2编制会计分录如下：

借：库存现金　　　　　　　　　　　　　　　　　13 875.0

　　贷：主营业务收入——蒸汽浴　　　　　　　　　4 000.0

　　　　　　　　——酒水　　　　　　　　　　　2 400.0

　　　　　　　　——其他　　　　　　　　　　　3 137.5

　　　其他应付款——应付服务分成　　　　　　　　4 337.5

支付服务分成时：

借：其他应付款——应付服务分成　　　　　　　　4 337.5

　　贷：库存现金　　　　　　　　　　　　　　　　4 337.5

吧台销售酒水、食品等，月末结转主营业务成本冲销主营业务收入，会计分录如下：

借：主营业务收入——酒水

　　贷：库存商品——蒸汽浴吧台

4.3.2　车队的会计核算

度假式酒店一般建造在环境比较优美的海边或是风景宜人的山脚,就酒店本身的地理位置来说没有长住式酒店那么便利,因此,度假式酒店如果有条件的,可以建立自己的车队,有偿向宾客提供服务,如有剩余能力也可承揽客运和货运业务。

酒店自用的车辆应与车队的车辆分开,自用车辆的一切费用在"管理费用"账户中核算。如果酒店有业务需要使用车队的车辆,应按内部收费标准,作费用转移处理。

车队的收入和费用分别通过"其他业务收入"和"其他业务支出"账户进行核算。车队的各项费用支出在"其他业务支出"账户下设置明细账户,如工资、差旅费、折旧费、修理费、燃料费、物料消耗、水电费、劳动保障费、车船税、养路费、路桥费、年检费、应酬费等(见表4-3)。

根据表4-3,编制会计分录如下:

(1) 汽油费的支出:

借:其他业务支出——燃料费		34 194
贷:银行存款		34 194

(2) 购维修器材的支出:

借:其他业务支出——修理费		3 888
贷:银行存款		3 888

(3) 发放工资:

借:其他业务支出——工资		30 960
贷:应付职工薪酬——工资		30 960

(4) 提取折旧费:

借:其他业务支出——折旧费		1 500
贷:累计折旧		1 500

表4-3

酒店车队 "其他业务支出" 明细账

年 月	日	凭证号码	摘要	借方金额	贷方金额	余额	工资	福利费	差旅费	折旧费	修理费	燃料费	物料消耗	水电费	劳动保护费	车船费	养路费	路桥费	年检费	应酬费	其他
		2	购汽油	34 194								34 194									
		3	购维修器材	3 888							3 888										
		4	发放工资	30 960			30 960														
		5	提福利费	4 334.4				4 334.4													
		6	提折旧	1 500						1 500											
		7	发工作服	2 808											2 808						
		8	洗涤剂等	150									150								
		9	交养路费	3 468													3 468				
		10	交路桥费	2 232														2 232			
		11	提年检费	462															462		
		12	司机旅差费	2 616					2 616												
		13	水电费	1 530										1 530							
		14	车船税	696												696					
		15	应酬费	456																456	
		16	收客房运费	72																	72
		17	转利润账户		89 222.4																
			本月合计	89 222.4	89 222.4	0	30 960	4 334.4	2 616	1 500	3 888	34 194	150	1 530	2 808	696	3 468	2 232	462	456	72

（5）提取福利费用：

借：其他业务支出——福利费 4 334.4

贷：应付职工薪酬——福利费 4 334.4

（6）发放工作服等：

借：其他业务支出——劳动保护费 2 808

贷：物料用品 2 808

（7）购买洗涤剂等：

借：其他业务支出——物料消耗 150

贷：库存现金 150

（8）支付养路费：

借：其他业务支出——养路费 3 468

贷：银行存款 3 468

（9）支付路桥费：

借：其他业务支出——路桥费 2 232

贷：银行存款 2 232

（10）预提年检费：

借：其他业务支出——年检费 462

贷：库存现金 462

（11）司机差旅费：

借：其他业务支出——差旅费 2 616

贷：银行存款 2 616

（12）支付水电费：

借：其他业务支出——水电费 1 530

贷：银行存款 1 530

（13）预提车船税：

借：其他业务支出——车船税 696

贷：应交税费——车船税 696

（14）支付应酬费：

借：其他业务支出——应酬费　　　　　　456

　　贷：库存现金　　　　　　　　　　　456

（15）收客房运费：

借：销售费用——客房——运杂费　　　　72

　　贷：其他业务支出——客房——其他　　72

（16）期末费用转入本年利润中：

借：本年利润　　　　　　　　　　　89 222.4

　　贷：其他业务支出——车队费用　　89 222.4

借 鉴 与 案 例

世界十大海拔最高酒店

　　古人云"智者乐水，仁者乐山"，登高远望，总会让人心旷神怡，豁然开朗。踏上旅途，若得空闲，不妨探访下海拔最高的十大酒店。无论是被白雪皑皑的群山环绕，还是隐藏于繁茂的植被中，当抬头远眺连绵起伏的山峦，或是低头俯瞰静谧的湖水时，旅者定会觉得不虚此行。

　　瑞士，Kulmhotel Gornergrat，海拔：10 170 英尺（1 英尺＝0.3048 米）

　　从 1907 年开始，瑞士的 Kulmhotel Gornergrat 酒店就借助着阿尔卑斯山引人入胜的美景吸引着世界各地的游客。29 座山峰将酒店"怀抱"其中，最著名的莫过于瑞士最美丽的马特洪峰。游客可以乘车沿着欧洲最高的户外铁路抵达这里，全程只需要 33 分钟，或者花 5 个小时由 Zermatt 徒步来此。酒店所有的房间均以山脉的名字命名，房间号码亦与同名山脉的海拔高度一致。

加拿大,珀塞尔山间旅馆,海拔:7 200 英尺

珀塞尔山间旅馆坐落在加拿大不列颠哥伦比亚省的冰川国家公园内。这座拥有 11 间客房的旅馆被皑皑白雪覆盖的群山环绕,方圆几里内皆无人烟,游客来此只能找到几只带着幼崽返回此地的灰熊。在所有的客房内,游客都可以俯瞰到周围的山脉和牧场,如果选择独门独户的客房,旅者还将会拥有私人的壁炉和可爱的雪靴。需要注意的是,游客只可从最近的英属哥伦比亚 Golden 小镇乘直升机抵达这里,途径连绵起伏的山峦,壮阔的冰川和清澈的高山湖泊,却永远找不到一条公路,一切皆浑然天成。

不丹,Amankora Gangtey,海拔:9 843 英尺

不丹是喜马拉雅山脉区域的佛教王国,神秘而圣洁。立于 Amankora Gangtey 酒店内,游客可以在此鸟瞰到建于 16 世纪的 Gangtey Goemba 修道院和 Phobjikha 山谷中的广阔农田,以及不丹最大的自然保护区黑山国家公园的广阔草场。Amankora 酒店拥有 5 间"小屋",如珍珠般散落在 Paro 小镇周围的群山中。如果游客希望由 Paro 直达此地,那么只需租用一辆车即可。

中国,上海柏悦酒店,海拔:1 358 英尺

上海柏悦酒店位于上海环球金融中心的 79～93 层,透过所有客房的玻璃,上海绚烂的城市风光尽收眼底。如果您希望体验"头晕目眩"、惊心动魄的感受,那么柏悦酒店的电梯一定让您不虚此行,仅仅 51 秒,您将被高速的电梯由 1 层送至 87 层的酒店大堂。

秘鲁,马丘比丘圣地旅馆,海拔:7 710 英尺

圣地旅馆是唯一一座毗邻 15 世纪古老印加文明遗址的旅馆。由最近的 Cuzco 乘车到达马丘比丘城需要 4 个小时,

沿途的风光如同一部丛林百科书。如果旅客希望体验 Hi-ram Bingham 在 1911 年发现此地的神奇经历，那么沿着古老印加人的足迹进行一次探索之旅是最好不过的选择了。

新西兰，Whare Kea 旅馆，海拔：5 700 英尺

Whare Kea 旅馆隐蔽在南岛的南阿尔卑斯山冰雪中，这里的两个房间都可以饱览到巍然高耸的壮美山景，如新西兰最高的山峰库克山。来此的游客将乘坐直升机从皇后镇起飞，途中可领略瓦纳卡湖水的湛蓝如镜和南阿尔卑斯山的如画美景，全程约需 20 分钟。

尼泊尔，Yeti Mountain Home Kongde 旅馆，海拔：14 000 英尺

尼泊尔的 Yeti Mountain Home Kongde 是世界上海拔最高的旅馆，在此可以仰视到鼎鼎有名的世界第一峰珠穆朗玛峰。每个房间外的景致都是一幅画卷，住客可以欣赏到马卡鲁峰和卓奥友峰的巍峨秀色。夜晚繁星闪烁，美得让人炫目，好似自己也将融入画中。游客来此还可以跟随夏尔巴人向导的指引，花 8 个小时在山区跋涉。

美国科罗拉多州，Far View 旅馆，海拔：8 000 英尺

Far View 旅馆坐落在梅莎尔地国家公园里，在公园里散布着印第安人的古老壁屋。您不仅可以远眺到新墨西哥州的船型岩地貌，而且还可以观察到近处的地形甚至看到美洲野猫，狮子和成群的野马。由国家公园的入口处到旅馆有 15 英里的路程。

迪拜，Burj Al Arab 酒店，海拔：1 053 英尺

Burj Al Arab 酒店是迪拜的标志性建筑，透过所有客房的落地窗，您都可以饱览波斯湾美景和植被覆盖的迪拜人工棕榈岛。酒店将派出劳斯莱斯为住客接机，在游客到达酒店

的人工岛上时,酒店还会备好玫瑰水、清爽宜人的冰毛巾和地道的阿拉伯咖啡为游客接风洗尘。

智利,阿塔卡马 Explora 酒店,海拔:8 015 英尺

Explora 酒店坐落在阿塔卡马沙漠的绿洲中,白天可以远望奇异的火山,夜晚可以清晰地欣赏繁星点点的夜空。在客房中,游客还可以远眺到智利和玻利维亚交界处的 Licancabur 火山,此山高达 19 000 英尺。游客到此,需要从圣地亚哥启程,经过两个小时的飞行到达 Calama 小镇,然后乘坐早已在这里等待的 Explora 酒店派来的专用车,而在接下来一个小时里,沙漠和山地之旅则将带游客领略与众不同的苍茫之美。

(资料来源:环球日报,2009.2.20)

第 5 章

酒店商场的会计核算

引言

为了方便客户,提高服务质量,很多酒店附设商场、购物中心、小卖部等。酒店所附设的商场,其主要客户群为住宿酒店的宾客,规模一般不大,经营的商品品种也不会很多,一般为日用百货、小食品、软饮料、烟酒、纪念品或工艺品等。酒店的商场可以采用自营的形式,也可以出租给其他商户经营。若自营要建立责任人制度;若出租给商户经营,则只需收取租金即可。

5.1　商场会计核算概述

5.1.1　商场会计核算的要点

1. 酒店商场不进行独立核算

酒店商场一般不进行独立核算，也不独立进货，由酒店统一进货。商场的销售一般采用现金结算方式。除了比较贵重的物品需要填制销售凭证外，其他的物品销售一般不填制销售凭证。

2. 采用售价金额法进行核算

商场一般采用售价金额法进行核算。财务部门对商品的进、销、存按照售价记账。库存商品要按总分类账和明细分类账分别核算。总分类账记载和反映全部商品的销售金额，明细分类账按照实物负责人设置账户。商场内放置的贵重高档大件商品，实物负责人必须对其设置账卡，逐日登记这些商品的收入、付出和结存，以便加强管理。

3. 采用实地盘点法

酒店商场每月至少一次采用实地盘点法进行盘点，以此检查账实是否相符。如果发现不相符，应及时查明原因，报有关部门按照规定进行处理。

5.1.2　售价金额核算的基本内容

1. 建立实物负责制

按商品大类或地点分设实物负责人，将商品拨给实物负责人经营，并由各实物负责人对经营的商品按售价承担全部经济责任。一般按柜台或柜组实行。这是实行售价金额核算的基础。

2. 售价记账、金额控制

库存商品按售价记账，按实物负责小组设置库存商品明细账。即库存商品的进、销、存变化，都按照零售价格予以登记，对库存商品总账及其明细账户均只记售价金额不记数量，其账面余额，就是实物负责小组所经营的商品。通过库存商品售价金额来控制库存商品数量和实物负责人的经济责任，这是售价金额核算法的核心内容，也是区别于其他核算方法的主要标志。

3. 设置"商品进销差价"账户

"商品进销差价"账户是"库存商品"账户的调整账户，用来反映在按售价登记库存商品账的情况下，"库存商品"账户中商品的售价与购进成本的差额。商品售价大于进价的差额记入该账户的贷方，月末分摊和结转已销商品所实现的商品进销差价。该账户的期末余额为期末库存商品的进销差价。

4. 加强商品盘点、物价管理

由于库存商品按售价记账，商品增减变化不记数量，因此，应加强商品盘点及物价管理，每月必须全面盘点一次，以确定存货数量，核实商品库存金额，分清实物负责人的责任。

5.2 商品购进和进销差价的核算

5.2.1 商品购进的核算

酒店商场的商品是由酒店统一购进的，销售时不单独核算，而由酒店统一进行核算。商品购入时由总仓库收货，然后交商场进行销售。商场从仓库领取商品时,由经办人员填开一式四联的"商品内部验收调拨单"(表 5-1)。其中,第一联存查,第二联交财务部门入账,第三联交仓库发货,第四联交商场收货。

表 5-1

商品内部验收调拨单

调入部门:商场

商品编号	品　名	规格	进货价格				销售价格				差价金额
			单位	数量	单价	金额	单位	数量	单价	金额	
	清风纸巾	1×12	件	20	5	100	包	240	1	240	140
	青岛啤酒	1×6	件	10	18	180	听	60	4.50	270	90
	红双喜香烟	1×10	件	4	50	200	包	40	7.5	300	100
调出部门:仓库			合计			480				810	330

主管人　　财会　　业务　　出纳　　记账　　复核　　验收　　制单

根据表 5-1 编制会计分录如下:

借:库存商品——商场　　　　　　　　　　　　　　　810

　贷:库存商品——仓库　　　　　　　　　　　　　　480

　　商品进销差价　　　　　　　　　　　　　　　　330

说明:

(1)"进货价格"栏的"单位"按照仓库发出件(如箱、盒、件等)数填列,"单价"和"金额"按照实际进货填列。

(2)"销售价格"栏的"单位"按照拆分后的单位填列(如包、听等),"售价金额"栏的"单价"和"金额"按照实际售价核算。

(3)"差价金额"栏按照"销售价格"减去"进货价格"后的余额填列。

5.2.2　商品进销差价的核算

酒店商场采用售价金额法对商品购销进行核算,进销存全部按照售价进行记录,其销售成本核算可以是:平时按商品售价结转商品销售成本,月末通过计算和结转已销商品的进销差价,将商品销售成本由售价调整为进价成本。调整公式如下:

商品销售成本＝已销商品售价－已销商品应分摊的进销差价

酒店商场计算已销商品进销差价的方法有以下三种。

1. 综合差价率计算法

即根据总账所反映的全部商品的存销比例,计算本期销售商品应分摊进销差价的一种方法。计算公式如下:

$$综合差价率＝\frac{月末结转前"商品进销差价"余额}{月末"库存商品"余额＋月末"受托代销商品"余额＋本月商品销售额}×100\%$$

本月已销商品进销差价＝本月商品销售额×综合差价率

【例 5-1】　某酒店商场月末调整前"商品进销差价"账户的余额为 34 000 元,本月商品销售总额为 140 000 元,月末受托代销商品余额为 15 000 元,月末库存商品余额为 50 000 元,计算已销商品进销差价如下:

综合差价率＝34 000÷(140 000＋15 000＋50 000)×100％＝16.59％

本月已销商品进销差价＝140 000×16.59％＝23 226(元)

借:商品进销差价　　　　　　　　　　　　　　23 226

　　贷:主营业务成本　　　　　　　　　　　　　　23 226

使用综合进销差价率简便易行,但缺乏真实性。此方法主要适用于各类商品进销差价率相似的商场。

2. 分类差价率计算法

分类差价率的计算方法与综合差价率的计算.方法基本相同,但是,分类差价法要求"库存商品"、"主营业务收入"、

"主营业务成本"、"商品进销差价"等账户按照商品大类设置明细账,并按照商品大类分别计算已销商品进销差价,汇总起来就是企业全部的商品进销差价了。

【例 5-2】 世纪大酒店销售百货、烟酒、食品、饮料、鲜果、工艺品六大类商品,其中鲜果类商品属于鲜活类商品,不适用于分类差价率的计算。其余各类账户的余额见表 5-2 所示。

表 5-2

大类商品明细资料

商品大类	"商品进销差价"账户余额	"库存商品"账户余额	"主营业务成本"账户余额
百货	62 117	75 312	143 145
烟酒	58 581	65 122	102 981
食品	10 315	24 189	54 187
饮料	18 538	10 315	15 890
工艺品	25 051	21 586	21 676
合 计	174 602	196 524	337 879

（1）已销百货分摊的商品进销差价 $= 143\ 145 \times \dfrac{62\ 117}{75\ 312 + 143\ 145} \times 100\% =$

$143\ 145 \times 28.43\% = 40\ 696.12$（元）

（2）已销烟酒分摊的商品进销差价 $= 102\ 981 \times \dfrac{58\ 581}{65\ 122 + 102\ 981} \times 100\% =$

$35\ 887.10$（元）

（3）已销食品分摊的商品进销差价 $= 54\ 187 \times \dfrac{10\ 315}{24\ 189 + 54\ 187} \times 100\% =$

$7\ 131.51$（元）

（4）已销饮料分摊的商品进销差价 $= 15\ 890 \times \dfrac{18\ 538}{10\ 315 + 15\ 890} \times 100\% =$

$11\ 240.94$（元）

（5）已销工艺品分摊的进销差价 $= 21\ 676 \times \dfrac{25\ 051}{21\ 586 + 21\ 676} \times 100\% = 12\ 551.56$（元）

根据上述计算结果，编制会计分录如下：

（1）结转销售收入：

借：库存现金	337 879
贷：主营业务收入——百货	143 145
——烟酒	102 981
——食品	54 187
——饮料	15 890
——工艺品	21 676

（2）结转销售成本：

借：主营业务成本——百货	143 145
——烟酒	102 981
——食品	54 187
——饮料	15 890
——工艺品	21 676
贷：库存商品——（商场实物负责人姓名）	337 879

（3）调整商品进销差价：

借：主营业务成本——百货	40 696.12
——烟酒	35 887.10
——食品	7 131.51
——饮料	11 240.94
——工艺品	12 551.56
贷：商品进销差价——百货	40 696.12
——烟酒	35 887.10
——食品	7 131.51
——饮料	11 240.94
——工艺品	12 551.56

分类差价率较综合差价率准确，但工作量大。

3．实际进销差价计算法

即通过实地盘点先计算出期末库存商品的进价总额与

售价总额,然后倒挤出已销商品进销差价的一种方法。其计算公式如下:

$$\begin{array}{c}\text{期末库存商} \\ \text{品进销差价}\end{array}=\begin{array}{c}\text{期末库存商} \\ \text{品售价总额}\end{array}-\begin{array}{c}\text{期末库存商} \\ \text{品进价总额}\end{array}$$

$$\begin{array}{c}\text{已销商品} \\ \text{进销差价}\end{array}=\begin{array}{c}\text{期末结转前商品} \\ \text{进销差价余额}\end{array}-\begin{array}{c}\text{期末库存商} \\ \text{品进销差价}\end{array}$$

期末库存商品售价总额根据库存商品明细账确定。期末库存商品进价总额根据类目账确定或根据有关库存商品记录合计。

【例5-3】 某酒店商场2008年年末盘点商品时,按售价计算的库存商品总金额为980 000元,按每种商品的最后进价计算出的库存商品进价总金额为480 000元,结转前"商品进销差价"账户余额为540 000元,据此计算如下:

$$\begin{array}{c}\text{本月已销商} \\ \text{品进销差价}\end{array}=540\,000-(980\,000-480\,000)=40\,000(\text{元})$$

借:商品进销差价   40 000

  贷:主营业务成本   40 000

这种计算方法不受已销商品结构、库存商品结构及不同差价率的影响,计算结果准确,但比较麻烦,计算工作量较大,通常只在年终决算时采用。

5.2.3 鲜果商品的核算

由于鲜果类商品有售价变动大、易腐烂、销售季节性强等特点,所以对此类商品不应采用"售价金额法"进行核算,而应采用"进价金额核算,盘存计销"的方法。

1. 鲜果商品的核算要点

商品购进后,会计部门根据商场实物负责人填列的"商品验收单",以原价计入"鲜果类"明细账,只计金额不计数量。销售鲜果类款项单独保存,每日营业终了交财务部门。

财务部门收到款项后，借记"库存现金"账户，贷记"主营业务收入"账户。平时不结转成本，也不冲减"库存商品"账户，月末时一次调整。

鲜果类商品发生腐烂或价格变动时不作账务处理，而是记入备查簿。月末或定期结转成本时，采用实地盘点法以销计存，采用倒挤的方式计算商品的进价成本。而后借记"主营业务成本"账户，贷记"库存商品"账户。

2. 销售鲜果商品进价成本的计算公式

$$\substack{本期销\\售成本}=\substack{期初库\\存金额}+\substack{本期进\\货金额}-\substack{期末盘\\存金额}=\substack{期初库\\存金额}+\substack{本期进\\货金额}-\substack{期末实地\\盘点数}\times\substack{购进\\价}$$

【例 5-4】 世纪大酒店，鲜果期初库存 3 450 元，本期共购进 32 400 元，均以现金付讫。本期销售总额为 34 850 元，均已收到现金。期末实地盘存 2 100 元。

会计分录如下：

（1）购进商品：

借：库存商品——鲜果　　　　　　　　　　　32 400

　　贷：库存现金　　　　　　　　　　　　　　32 400

（2）销售商品：

借：库存现金　　　　　　　　　　　　　　　34 850

　　贷：主营业务收入——鲜果　　　　　　　　34 850

（3）计算和结转已销商品成本：

已销鲜果成本=3 450＋32 400－2 100＝33 750(元)

借：主营业务成本——鲜果　　　　　　　　　33 750

　　贷：库存商品——鲜果　　　　　　　　　　33 750

需要说明的是，由于这种方法是通过期末盘点倒算出销售数量，不利于及时发现商品损耗、差错事故、货款被侵吞等现象。因此，采用这种方法时，要加强进货验收管理，并建立严格的销货收款和调价审批制度，保证酒店财产的安全。

5.3 委托代销商品和销售折让的核算

5.3.1 委托代销商品的核算

酒店商场除经营自有商品外，有时也会代其他单位销售一些价格昂贵的工艺品等商品。委托代销商品在"委托代销商品"账户进行核算，要设立备查簿，商品销售后单独向财务部门交款。委托代销商品由委托方提供销售发票，商场按照售价的一定比例收取手续费，列作"其他业务收入"。

委托代销商品方在收到委托代销的商品时，填开"验收单"，一联交委托方作为收货和售后结算货款的依据，一联由商场实物负责人签收后交财务部门，一联由商场存查。"验收单"上要注明"委托代销商品"字样。

【例 5-5】 世纪大酒店收到甲公司委托代销的弥勒佛玉器一件，合同约定销售价格为 12 000 元，销售后按售价的 10％收取手续费，由委托方出具销售发票，玉器已售出，收入现金。与委托方结算货款，扣回手续费后，余款以银行存款支付（不考虑增值税）。

（1）收到货物时：

借：受托代销商品   12 000

  贷：受托代销商品款   12 000

（2）销售商品后：

借：库存现金   12 000

  贷：应付账款——甲公司   12 000

借：受托代销商品款   12 000

    贷：受托代销商品   12 000

（3）支付甲公司货款时：

借：应付账款——甲公司   12 000

    贷：库存现金   10 800

        其他业务收入   1 200

5.3.2　商品销售折让的核算

为了扩大销售，酒店商场会对商品折让销售，并按照折让后的金额入账，同时按照售价结转成本。

【例5-6】　某商场全部商品原销售价格为 13 570 元，为扩大销售，对宾客让利 5% 销售。

会计分录如下：

借：库存现金（13 570×95%）   12 891.50

    贷：主营业务收入   12 891.50

同时，按原售价转销库存商品：

借：主营业务成本   13 570

    贷：库存商品——实物负责人   13 570

月末结转商品进销差价时，应按照营业成本的原售价计算分摊，从而抵销因销货折让而减少的销售毛利。

借 鉴 与 案 例

环环相扣方保万无一失

暮秋的一天上午，总台人员和往常一样，进行着交接班工作。

8 点 20 分，一位中年男子走到总台对服务人员说："小姐,我要退房。"说着把钥匙放到总台。总台收银员随即确认房间号,电话通知服务中心查房,并办理客人的消费账单。但是客人没有停在总台而径直走向商场,商场部服务员小张面带微笑询问客人:"先生,您需要什么?"客人说:"要两小包'金芒果'香烟。"小张对客人说:"麻烦问一下,您在海天住吗?"客人说:"是的,在501房间,可挂账吧!"细心的小张刚刚看到客人把钥匙放在总台,不知客人是否要退房,如果是退房,客人就有逃账的可能。职业习惯和强烈的责任感使小张对客人说:"先生,您稍等,我去总台问一下您能否挂账。"说着便走向总台,客人急切地问:"能否开发票?"小张说:"商场不能开,但我可以在总台为您开发票。"客人说:"那算了。"

话语间客人和小张已经走到总台,小张从总台接待那里了解到客人正在结账,此时收银员小高接到服务中心电话说,501房间内两条浴巾不见了。小高看到客人从商场走过来便问道:"先生,您见没见501房间内的两条大浴巾?"客人面带不悦高声说道:"昨天晚上你们根本没有给我配,我还没有投诉你们,昨天我回来得晚,还没找你们的事呢。"小高对着话筒说:"客人说昨天没有配,再查查。"服务中心小徐在电话里:"可能没有配吧,让客人先走吧。"与此同时,商场部小张对客人说:"总台可以为您开具发票,您是否还需要烟?"客人看上去一反常态,极不高兴而又无奈地拿出100元给了小张,小张很快为客人找零拿烟,并将消费小票给了总台,以便开发票。

这一切都被质培部人员看在眼里,便到五楼服务中心了解501情况,服务中心小徐说:"昨天有一个房间里没有配毛巾,501房间里找不到大浴巾,我想可能是没有配。"这时,服务中心领班说:"501房间客人住了好几天,查一下房态以及

117

物品配备情况记录。"经过查证,501房间客人从13日入住到18日早上退房,在这5天内,每天都有配备大浴巾的记录,服务中心领班又打电话到清洁服务员处询问,结果是大浴巾配了。质检人员说再到房间查查,501房间除了大浴巾不在,所有物品配备齐全,因此推断,是客人拿走了大浴巾,服务中心人员打电话到总台,收银员小高告知客人已经离开。

服务员工作疏忽,给酒店造成了损失。

在这个例子中,客人的骗术并没有什么过人之处,只是玩了一个小聪明,虽然被商场部小张看了出来,但却在总台蒙混过关。

商场部员工小张凭着职业习惯和认真负责的态度,使客人的伎俩没有最终得逞;同时,抓住客人的心理,在得体的服务中促成客人最终的消费,不仅防止了客人逃账,而且维护了酒店利益。客房部员工小徐则疏忽大意,在没有认真核对原始记录、没有请示领导的情况下,不负责地回答了总台的问询,使两条大浴巾被偷,给酒店造成了损失。两种不同的工作态度,导致了两种不同的结果,孰是孰非泾渭分明。

"一句话使人笑,一句话使人跳"。这说明语言艺术的重要性。作为一线的服务人员,研究语言艺术尤为重要。本例中的前台收银员小高,在大庭广众之下,问客人:"你见没见房间的大浴巾?"这句话太生硬。太过于直截了当的问话方式会使客人陷入尴尬的境地,往往会引起客人的不满。服务员询问客人的时候,一定要用礼貌的语言,以委婉的方式,尊敬的态度,以达到既不得罪客人,又能解决问题的目的,最终使宾客、酒店都满意。

(资料来源:中国酒店招聘网,http://www. hoteljob. cn/a/20080504/9527857. shtml)

第 6 章

酒店财务预算

引言

"凡事预则立,不预则废"。财务活动亦需要未雨绸缪。财务预算是酒店整个财务管理体系的重要一环,是财务决策的具体化。有了财务预算,就可以使酒店整个管理过程有章可循,有据可查。预算是超前思考的过程,它展现了未来各种可能的前景,提高对不确定事件的反应能力。酒店的财务预算并不仅仅是现金预算和财务报表的预算,它还涉及酒店各部门日常经营活动中的预算。

119

6.1 酒店财务预算概述

6.1.1 酒店财务预算的概念和作用

1. 酒店财务预算的概念

酒店财务预算是利用货币度量对酒店某个时期的全部经济活动正式计划的数量反映,也是对酒店未来某个时期财务报表所列项目计划的一种数量反映。

> **【小贴士 6-1】** 财务预算与财务预测的联系与区别
>
> 在实务中,财务预算与财务预测息息相关。酒店通常先作财务预测,然后根据财务预测编制财务预算。由此可见,财务预算以财务预测为前提,只有作出正确的预测才能作出正确的预算。两者的区别是:财务预测主要是估计未来一定时期内酒店某些经济情况和经济活动将会发生的变化。财务预算则是在财务预测的基础上,为实现酒店目标而编制的用数量形式反映的正式计划,是酒店控制的依据和考核的标准。

2. 酒店财务预算的特点

(1)预见性。酒店财务预算所反映的内容是酒店未来时期的经营活动和财务状况,具有明显的预见性。

(2)适用性。酒店财务预算是以业务预算为基础的,总预算是由各部门的预算汇总而成的。只有从实际出发,编制出适合于各部门的财务预算,并使财务预算最终得以付诸实施,并更好地控制酒店的各项经营活动。

(3)波动性。预算的编制通常是以 1 年为一期,以便于预算期间与会计年度相一致,也便于预算执行结果的考核、分析和评价。在年度预算的基础上还必须再分更短期的预算，如季度预算、月份预算、周预算等。这是为了更有效地实施控制，并反映酒店经营的波动性。

　　3. 酒店财务预算的作用

　　酒店财务预算的作用主要在于以下几个方面：

　　（1）可以明确经营目标。

　　（2）可以协调各部门的工作。

　　（3）可以作为控制财务活动的依据。

　　（4）可以作为工作业绩考核的标准。

6.1.2　酒店财务预算的步骤和程序

　　酒店财务预算编制的步骤和程序一般如下：

　　（1）酒店最高管理当局依据长期规划，提出一定时期的经营目标，下达给各部门。

　　（2）各部门根据下达的指标，结合实际情况，草拟部门预算。

　　（3）酒店预算主管部门对各部门预算进行汇总、分析、调整，综合平衡后编制总预算。

　　（4）将编制的总预算，上报酒店最高管理当局批准。

　　（5）总预算下达到各有关部门执行。

　　另外，在整个预算的编制过程中，要注意以下几点：

　　（1）明确预算的编制方针。

　　（2）掌握和收集有关基础资料和数据。

　　（3）注重预算的连贯性和长短期的衔接。

6.1.3　酒店财务预算编制的方法

　　我们知道财务预算是一系列专门反映酒店未来一定预

算期内预计财务状况和经营成果，以及现金收支等价值指标的各种预算的总称。作为预算编制基础和依据的业务量的数量特征有多种，可以假定业务量是固定不变的，也可以假定业务量在一定范围内变化；同样，预算期的设定也有多种，可以假定预算期是一个固定的会计年度，也可以在保持预算期始终为 12 个月的前提下按逐月或逐季滚动的方法来编制预算。根据这些不同的方法最后得出的预算结果是不同的，并且各有优缺点。

1. 固定预算与弹性预算

（1）固定预算。固定预算又称静态预算，是指根据预算期内正常的、可实现的某一业务量水平作为唯一基础和依据来编制预算的方法。固定预算的优缺点如表 6-1 所示。

表 6-1

固定预算的优缺点

优　点	缺　点
编制比较简单	（1）缺乏灵活性。固定预算的编制基础是事先假定的某一业务量水平，无论编制预算期内业务量水平发生什么变动，都只能按事先假定的业务量水平编制
	（2）缺乏可比性。当作为编制基础的业务量水平和实际的业务量水平有较大的差异时，预算数和实际数就会因业务量基础不同而失去可比性

固定预算方法适用于业务量水平较为稳定的酒店。

（2）弹性预算。弹性预算又称变动预算，是指根据业务量变动而编制的预算。它是为克服固定预算的缺点而设计的，按照预算期可预见的各种业务量水平，编制能够适应多种不同业务量情况预算的方法。弹性预算的优缺点见表 6-2所示。

表 6-2

弹性预算的优缺点

优　　　　点	缺　　点
(1) 灵活性强。弹性预算反映预算期内与一定相关范围内的可预见的多种业务量水平相对应的不同预算额,不再是只适应一个业务量水平的一个预算,而是能够随业务量水平的变动作机动调整的一组预算,从而扩大了预算的适用范围,便于预算指标的调整。一经编制,便可连续使用,从而可大大减少工作量 (2) 可比性强。由于弹性预算是能够随业务量水平的变动作机动调整的一组预算,因此可以将实际指标与实际业务量相应的预算额进行对比,从而能够使预算执行情况的评价与考核建立在更加客观和可比的基础上	(1) 可控性差,控制力弱 (2) 编制较为复杂

从理论上说,弹性预算适用于编制所有与业务量有关的各种预算,但从实用角度看,主要用于编制弹性成本费用预算和弹性利润预算等。

2. 增量预算和零基预算

(1) 增量预算。增量预算又称调整预算方法,是指以基期成本费用水平为基础,结合预算期业务量水平及有关影响成本因素的未来变动情况,通过调整有关原有费用项目而编制预算的一种方法。增量预算方法的优缺点如表 6-3 所示。

表 6-3

增量预算的优缺点

优　　点	缺　　　　点
编制比较简单	(1) 受原有费用项目的限制。不加分析地保留了原有的成本项目,有可能造成原来不合理的开支继续存在下去 (2) 不利于调动各部门的积极性。按一定比率增减费用,不利于调动各部门的积极性,滋长预算中的"平均主义"和"简单化" (3) 不利于酒店未来的发展。没有考虑未来开支的变化而造成预算的不足

增量预算适用于服务部门费用预算的编制,并且一般与零基预算结合使用,每隔若干年进行一次零基预算的编制,在两次编制零基预算的间隔中间年份采用增量预算。

（2）零基预算。零基预算是将所有的预算支出均以零为出发点,不考虑以往会计期间所发生的费用项目及数额,一切从实际出发,分别审议预算期内各项费用的内容及开支标准是否合理,在综合平衡的基础上编制费用预算的一种方法。零基预算的优缺点如表 6-4 所示。

表 6-4

零基预算的优缺点

优　　　　点	缺　　点
（1）可以合理有效地进行资源分配,将有限的资金用在刀刃上,实现资源的最优化利用 （2）可以充分发挥各部门管理人员的积极性和创造性,促进各预算部门精打细算,量力而行,合理使用资金,提高资金的利用效率	编制过程可能耗费大量时间,对管理人员的专业能力要求也比较高

零基预算特别适用于产出较难辨认的服务性部门预算的编制与控制。

3. 定期预算和滚动预算

（1）定期预算。定期预算是指在编制预算时,以不变的会计期间作为预算期的一种编制预算的方法。定期预算的优缺点如表 6-5 所示。

（2）滚动预算。滚动预算又称连续预算,是指在编制预算时,将预算期与会计年度脱离,随着预算的执行不断延伸补充预算,逐期向后滚动,使预算期永远保持在一个固定期间的一种预算编制方法。滚动预算的优缺点如表 6-6 所示。

表 6-5

定期预算的优缺点

优　　点	缺　　　　点
能够使预算期间与会计年度相配合,便于考核和评价预算的执行结果	(1) 远期指导性差。由于定期预算往往是在年初或者提前两三个月编制的,因此难以对整个预算年度的生产经营活动作出准确预算 (2) 灵活性差。当预算内的各项活动发生重大变化时,就会造成预算滞后过时,造成虚假预算 (3) 连续性差。由于期间的限制,导致经营管理者们的决策仅局限于本期规划的经营活动,通常不会考虑下一期

表 6-6

滚动预算的优缺点

优　　　　点	缺　点
(1) 透明度高。由于编制预算不再是预算年度开始之前几个月的事情,而是实现了与日常管理的紧密衔接,可以使管理人员始终能够从动态的角度把握住企业近期的规划目标和远期的战略布局,使预算具有较高的透明度 (2) 灵活性强。由于滚动预算能根据前期预算的执行情况,结合各种因素的变动影响,及时调整和修订近期预算,从而使预算更加切合实际,能够充分发挥预算的指导和控制作用 (3) 连续性强。由于滚动预算在时间上不再受日历年度的限制,能够连续不断地规划未来的经营活动,不会造成预算的人为间断	预算工作量较大

6.2　酒店日常财务预算的编制

6.2.1　客房部财务预算的编制

1. 客房部营业收入预算的编制

编制客房部营业收入的预算要结合可供出租的客房数、预计出租率、预计名义房价、预计折扣率和预算期营业天数等因素进行综合考虑。由于客房部的客房档次和规格不同,所以应该对不同类型的客房分别预算，然后再汇总。其计算公式如下：

$$客房部某类客房预算营业收入 = 该类客房可供出租的客房数 \times 预计出租率 \times 预计名义房价 \times 预计折扣率 \times 预计营业天数$$

【例6-1】 某酒店有标准客房 400 间，预计 2009 年 5 月的出租率为 72％。名义房价为 360 元，折扣率为 90％，则其客房预算收入计算如下：

$$客房预算收入 = 400 \times 72％ \times 360 \times 90％ \times 30 = 2\,799\,360(元)$$

决定客房收入的主要因素及其关系如图 6-1 所示。

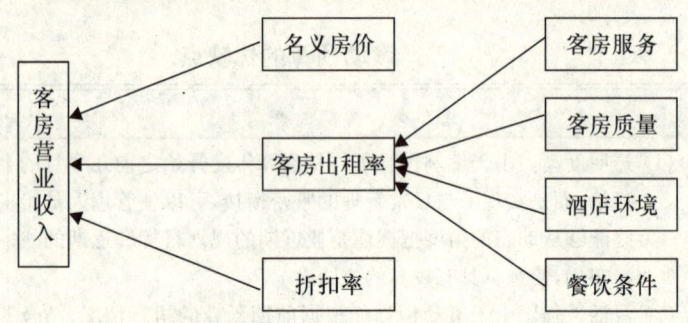

图 6-1　决定客房收入的主要因素及其关系

从图 6-1 中可以看出，客房营业收入主要是受名义房价、客房出租率和折扣率的影响；一般情况下，出租率越高，客房收入也越多。而客房的出租率还受到客房服务、客房质量、酒店环境、餐饮条件等因素的影响。

另外，如果酒店所在城市举办一场世界性的比赛，这将促使客房销售量在正常的基础上进一步提高。但有时出租率很高而客房收入却并没有明显的增加，这是因为酒店常常要在房价上给予优惠甚至免费。若有几间客房经过重新装修增添了设备，或者入住客人的消费结构发生变化等，也会影响客房营业收入额。因此，在编制客房营业收入预算时应考虑各方面的因素，这样才能使财务预算更符合实际。

客房营业收入预算表如表 6-7 所示。

表6-7

某酒店客房部2009年营业收入预算表

单位：元

月份	营业收入	年初应收账款余额	1月营业收入	2月营业收入	3月营业收入	4月营业收入	5月营业收入	6月营业收入	7月营业收入	8月营业收入	9月营业收入	10月营业收入	11月营业收入	12月营业收入	合计
1	570 000	279 000	399 000													678 000
2	622 500		171 000	435 750												606 750
3	1 221 750			186 750	855 225											1 041 975
4	1 454 250				366 525	1 017 975										1 384 500
5	2 069 250					436 275	1 448 475									1 884 750
6	2 071 950						620 775	1 450 365								2 071 140
7	2 074 800							621 585	1 452 360							2 073 945
8	2 072 700								622 440	1 450 890						2 075 430
9	2 082 000									621 810	1 457 400					2 080 110
10	2 236 050										624 600	1 565 235				2 189 835
11	15 882 000											670 815	11 117 400			11 788 215
12	1 006 500													4 764 600	704 550	1 181 010
全年	33 363 750	279 000	570 000	622 500	1 221 750	1 454 250	2 069 250	2 071 950	2 074 800	2 072 700	2 082 000	2 236 050	2 074 800	15 882 000	704 550	33 340 800

注：每个月的营业收入中有30%要到下个月才能收到现金。

2. 客房部营业成本与费用预算的编制

在编制客房部营业成本与费用预算时首先应将项目按照其与客房出租量的关系划分为固定费用和变动费用，并分别计算预计的发生额，然后再汇总即为客房部营业成本与费用预算。客房部的固定费用是指不随客房出租量的变化而变化的费用，如工资及福利费、折旧费、大修理费、服装费和保险费等。变动费用是指随着客房出租量的变化而变化的费用，如燃料费、洗涤费、水电费、物料用品消耗、修理费和其他费用等。其计算公式如下：

客房部预算变动费用＝间日变动费用消耗额×客房数×出租率×天数

【例 6-2】 某酒店 2009 年 1 月份，客房部固定费用预算数为 231 200 元，则客房部营业成本与费用弹性预算表如表 6-8 所示。

表 6-8

客房部 2009 年 1 月营业成本与费用弹性预算表

单位：元

出租数	2 976	3 373	3 720	4 117	4 464
出租率	60％	68％	75％	83％	90％
占预计出租数的百分比	80％	90％	100％	110％	120％
变动费用小计	65 472.0	74 201.6	81 840.0	90 569.6	98 208.0
其中:燃料费（每间客房 2.8）	8 332.8	9 444.0	10 416.0	11 527.2	12 499.2
洗涤费（每间客房 3.0）	8 928.0	10 118.4	11 160.0	12 350.4	13 392.0
水电费（每间客房 8.0）	23 808.0	26 982.4	29 760.0	32 934.4	35 712.0
物料用品（每间客房 5.0）	14 880.0	16 864.0	18 600.0	20 584.0	22 320.0
修理费（每间客房 2.0）	5 952.0	6 745.6	7 440.0	8 233.6	8 928.0
其他费用（每间客房 1.2）	3 571.2	4 047.2	4 464.0	4 940.0	5 356.8
固定费用小计	231 200.0	231 200.0	231 200.0	231 200.0	231 200.0
总　　计	296 672.0	305 401.6	313 040.0	321 769.6	329 408.0

在以上的各项费用中,有些费用在发生后无法明确归属到具体部门,如燃料费、水电费等。对于这些费用需要选择一定的标准分摊到各个部门中,如我们可以根据各部门营业收入占酒店总收入的比重进行分摊。具体分摊方法见如下公式:

$$该部门本期应分摊的费用=该项费用总额\times\frac{该营业部门的收入}{酒店总收入}$$

客房部每月营业成本与费用预算汇总为客房部的营业成本与费用年度预算。通常在营业成本与费用预算表的下部加列现金支出预算表,以便为编制现金预算作准备。

6.2.2 餐饮部财务预算的编制

1. 餐饮部营业收入预算的编制

编制餐饮部营业收入的预算时应结合就餐人数、人均消费额和各种促销手段综合来考虑。由于早、中、晚餐的座位周转率和人均消费额差别很大,所以针对不同的餐厅和不同的就餐时间分别编制预算,然后再汇总。其计算公式如下:

$$某餐厅某一餐的预算营业收入=餐厅座位数\times座位周转率\times人均消费额\times预算期营业天数$$

$$宴会厅收入=宴会厅数量\times预算期天数\times宴会厅利用率\times平均就餐人数\times人均就餐标准$$

$$零点收入=零点餐位数\times预算期天数\times上座率\times人均消费额$$

【例6-3】 某酒店餐厅2009年1月收入情况如表6-9所示。

表6-9

餐厅2009年1月收入情况一览表

单位:元

部　门	计　算　依　据	金　额
餐厅	早餐:150×45％×10×31=20 925 午餐:150×40％×30×31=55 800 晚餐:150×50％×28×31=65 100	141 825

部　门	计　算　依　据	金　额
宴会厅	早、午餐：— 晚餐：$200×20\%×50×31=62\,000$	62 000
自助餐厅	早餐：$60×30\%×26×31=14\,508$ 午餐：$60×30\%×34×31=18\,972$ 晚餐：$60×30\%×34×31=18\,972$	52 452
合　计		256 277

将每月营业收入预算汇总成酒店餐饮部全年的营业收入预算，同客房的预算一样，在预算表下面列出现金收入预算，该餐饮部营业收入预算表如表 6-10 所示。

2. 餐饮部营业成本与费用预算的编制

餐饮部营业成本与费用预算包括营业成本预算和营业费用预算两个方面。

（1）餐饮部营业成本预算。营业成本又称直接成本，它是随接待数量及客人消费水平的不同而变化的，只能通过毛利率来预算成本支出额。其计算公式如下：

餐饮预算直接成本＝餐饮预算营业收入×（1－预计餐饮毛利率）

此外，不同的餐厅和在不同地点销售的饮料毛利率是不同的，应分别计算，然后汇总为营业成本。某酒店餐饮营业成本预算表如表 6-11 所示。

（2）餐饮部营业费用预算。餐饮部的营业费用分为固定费用和变动费用。固定费用的计算方法同客房部相同。变动费用（如燃料费、低值易耗品、洗涤费、水电费、物料消耗及其他费用等）则要和餐饮成本一起编制弹性预算。

【例 6-4】 某酒店 2009 年 1 月份餐厅预计营业收入为 141 825 元，固定费用为 60 000 元，变动成本中食品原料成本

表6-10

某酒店餐饮部2009年营业收入预算表

单位：元

月份	营业收入	年初应收账款余额	1月营业收入	2月营业收入	3月营业收入	4月营业收入	5月营业收入	6月营业收入	7月营业收入	8月营业收入	9月营业收入	10月营业收入	11月营业收入	12月营业收入	合计
1	312 450	137 250	218 715													355 965
2	321 000		93 735	224 700												318 435
3	593 400			96 300	415 380											511 680
4	625 500				178 020	437 850										615 870
5	699 314					187 650	489 519									677 169
6	700 650						209 793	490 455								700 248
7	697 050							210 195	487 935							698 130
8	706 500								209 115	494 550						703 665
9	718 950									211 950	503 265					715 215
10	752 400										215 685	526 680				742 365
11	657 750											225 720	460 425			686 145
12	458 550												197 325	320 985		518 310
全年	7 243 514	137 250	312 450	321 000	593 400	625 500	699 312	700 650	697 050	706 500	718 950	752 400	657 750	320 985		7 243 197

注：每个月的营业收入中有30%要到下个月才能收到现金。

表 6-11

餐饮部 2009 年 1 月营业成本预算表

单位：元

部　　门	计　算　依　据	金　　额
餐厅	141 825×(1−55％)＝63 821.25	63 821.25
宴会厅	62 000×(1−60％)＝24 800.00	24 800.00
自助餐厅	52 452×(1−60％)＝20 980.80	20980.80
合　　计		109 602.05

率为 45％,水电能源消耗率为 8％,物料用品及其他消耗率为 3％,则其弹性成本预算表如表 6-12 所示。

表 6-12

某酒店餐饮部 2009 年 1 月营业费用预算表

单位：元

营业收入	238 080.0	267 840.0	297 600.0	327 360.0	357 120.0
占预计营业收入的百分比	80％	90％	100％	110％	120％
变动费用小计	133 324.8	149 990.4	166 656.0	183 321.6	199 987.2
其中:食品原材料成本（占营业收入的45％）	107 136.0	120 528.0	133 920.0	147 312.0	160 704.0
水电能源消耗(占营业收入的8％)	19 046.4	21 427.2	23 808.0	26 188.8	28 569.6
物料用品及其他消耗（占营业收入的3％）	7 142.4	8 035.2	8 928.0	9 820.8	10 713.6
固定费用小计	60 000.0	60 000.0	60 000.0	60 000.0	60 000.0
费用合计	193 324.8	209 990.4	226 656.0	243 321.6	259 987.2

　　餐饮部其他部门可以参照此格式编制各自的成本费用预算弹性,并将各餐厅的预算汇总编制成本费用总预算。在对餐饮部作出成本费用预算的基础上对各期现金支出同时也要作出预测,列在预算表下,并注明现购与赊购的比例。

6.2.3 管理费用预算的编制

酒店管理费用的预算可采用零基预算法,并结合预算期费用节约潜力和因素对不同的项目分别确定。现举例如下。

【例6-5】 申申酒店管理费用预算按照零基预算方法编制。该酒店计划年度可用于管理方面的支出,经各方认真研究后确定为1 000 000元,在以下几个预算项目中分配:管理人员薪金、广告费、折旧费用、运杂费、保险金和营销费。其中,管理人员薪金、折旧费用和保险金属于约束性固定成本,必须全额予以满足,不能更改。其全年所需金额分别为:管理人员薪金210 000元、折旧费用240 000元、保险费用80 000元。至于运杂费、广告费和营销费则属于酌量性固定成本,可以视资金的拥有量及项目本身的成本—效益,酌情分配。

根据以往的分析资料,营销费、运杂费和广告费成本—效益情况如表6-13所示。

表6-13

成本—效益情况

单位:元

费　用	成　本　金　额	收　益　金　额
营销费	1	30
运杂费	1	20
广告费	1	14

由于该公司计划年度可用于管理费用的支出总额为1 000 000元,减去管理人员薪金、折旧费和保险费三项约束性固定成本以后的余额为:

$$1\ 000\ 000-(210\ 000+240\ 000+80\ 000)=470\ 000(元)$$

至此,营销费、运杂费和广告费三个项目按成本—效益情况应分配的资金额度分别为：

$$销售费用＝470\,000\times\frac{30}{30+20+14}=220\,312.50（元）$$

$$运杂费＝470\,000\times\frac{20}{30+20+14}=146\,875（元）$$

$$广告费＝470\,000\times\frac{14}{30+20+14}=102\,812.50（元）$$

$$合计＝470\,000（元）$$

6.3 酒店现金、利润和资产负债表预算的编制

6.3.1 酒店现金预算的编制

1. 现金预算的概念

现金预算是用来反映预算期内由于日常经营活动和资本支出引起的一切现金收支及其结果的预算。

编制现金预算，应以日常业务预算和专门决策预算为基础，或者说这两种预算在编制时要为现金预算作数据准备。

编制现金预算的目的在于合理地处理现金收支业务，正确地调度资金，保证酒店资金的正常流转。

现金预算的内容包括现金收入、现金支出、现金不足的筹措方案和现金多余部分的利用方案等。现金预算实际上是其他各个预算中有关现金收支部分的汇总，因此现金预算的编制要以其他各项预算为基础。

2. 现金预算编制的方法

编制现金预算表一般采用现金收支法。现金收支法又称直接法，是直接地逐项预测预算期酒店各项现金的收支数额，并以此来平衡财务收支的一种方法。一般按季、按月甚至按周或按日编制现金预算。

采用现金收支法编制现金预算的优点是能直接与现金的收支情况进行比较，使闲置的现金余额减少到合理的程度，并便于控制和分析现金预算的执行情况。

【例 6-6】 某酒店餐厅每月营业额的 60% 是现销，40% 是赊销；食品成本中 25% 是当月用现金支付，75% 可延续到下个月支付。该餐厅 2009 年 1 月份营业额为 40 000 元，2 月份预计营业额为 30 000 元。1 月份实际食品成本为 20 000 元，2 月份预计食品采购成本为 10 000 元，2 月初结转上月现金余额为 10 000 元，预计 2 月份工资为 9 000 元，销售费用为 2 000 元，保险费用为 1 200 元，抵押费用为 300 元，这些费用需当月用现金支付，所得税按季支付。由以上材料可编制现金预算表如表 6-14 所示。

表 6-14

某酒店餐厅 2009 年 2 月份现金预算表

单位：元

上月结转现金余额①	10 000
估计现金收入②＝③＋④	28 000
其中：现金销售额③	12 000
应收账款收回④	16 000
估计现金支出⑤＝⑥＋⑦＋⑧＋⑨＋⑩＋⑪	30 000
其中：本月采购食品原料支出⑥	2 500
应付账款付款⑦	15 000
工资⑧	9 000
销售费用⑨	2 000
保险费用⑩	1 200
抵押费用⑪	300
估计期末现金（转下月）：⑫＝①＋②	38 000
理想的现金余额⑬	10 000
现金多余或不足⑭＝⑫－⑬	28 000

3. 现金预算的控制

（1）明确经济责任。现金预算必须实行货币收支指标分管的责任制，将酒店月度收支指标分解落实到各个部门，以此来确定有关部门的经济责任。

（2）遵守现金管理和结算制度。现金结算应以国家颁布的现金管理制度和银行结算办法为依据，使酒店的货币收支具有合法性和有效性。

（3）保障现金安全。必须实行钱账分管制度和查库制度，每天核对库存现金，每月核对银行存款，以此保证账账相符和账实相符。

（4）检查执行情况。有关部门应按月上报收支预算的执行情况。财务部门在汇总核算资料的基础上写出分析报告。对个别项目变动较大时应对预算进行修改。

6.3.2 酒店利润预算的编制

酒店的利润预算是酒店各部门经营活动努力的目标，它是在收入核算和成本费用预算的基础上编制而成的。

1. 酒店利润预算直接计算法

直接计算法是指根据预算收入、预算成本和预算税金直接计算出利润额的一种方法。它需要计算不同营业项目的预算利润，然后再汇总。计算公式如下：

预算利润＝预算收入－预算成本费用－预算税金

【例 6-7】 某酒店客房部 2009 年预算收入为 19 072 950 元，销售费用为 5 347 986 元，营业税为 1 039 476 元，则客房部预算利润为：

预算利润＝19 072 950－5 347 986－1 039 476＝12 685 488(元)

编制此酒店预算利润表如表 6-15 所示。

表 6-15

某酒店 2009 年预算利润表

单位：元

项 目	总 额	其 中			
		客房部	餐饮部	商 场	康乐部
主营业务收入	33 440 512	19 072 950	7 243 514	5 429 048	1 695 000
主营业务成本	6 103 873		2 957 768	3 146 105	
毛利	27 336 639		4 285 746	2 282 943	
毛利率	81.7%		59.2%	42.1%	
税金(5.4%)	1 476 178	1 029 939	231 430	123 279	91 530
销售费用	7 986 426	5 347 986	1 734 600	296 340	607 500
经营利润	17 874 035	12 695 025	2 319 716	1 863 324	995 970
管理费用	1 582 500				
财务费用	2 214 750				
营业利润	14 076 785				
所得税(25%)	3 519 196				
净利润	10 557 589				

2. 酒店利润预算指标计算法

指标计算法是利用相关指标来预测利润的一种方法，如利用营业收入利润率、费用率等来预算利润。一般可采用弹性预算法编制。

【例 6-8】 某酒店预计营业收入为 1 290 000 元，营业收入利润率为 20%，则弹性利润预算表如表 6-16 所示。

表 6-16

某酒店 2009 年预算利润表

金额单位：元

预计营业收入	1 032 000	1 161 000	1 290 000	1 419 000	1 548 000
完成预算比例	80%	90%	100%	110%	120%
预计利润	206 400	232 200	258 000	283 800	309 600

3. 酒店利润预算保本点计算法

预算保本点计算法是在保本点分析的基础上进行利润预算的一种方法。计算公式如下：

$$预算经营利润 = (预算营业收入 - 保本点收入) \times 毛利率$$

【例 6-9】 某酒店餐饮部预算营业收入为 750 000 元,毛利率为 50%,保本点收入为 360 000 元,则预算经营利润为:

$$预算经营利润 = (750\,000 - 360\,000) \times 50\% = 195\,000(元)$$

利润预算表编制出来后还要编制利润分配预算,它是根据酒店董事会或最高决策层的决议,对预算期利润总额进行分配和年末未分配利润结余情况的一种预算。

通过编制利润预算,可以对酒店的盈利水平有一个大体的了解。如果编制的利润预算与酒店的目标利润有较大的不一致,就需要调整相关部门预算,设法达到预定的目标。

6.3.3 酒店资产负债表预算的编制

资产负债表预算反映酒店在预算期末的财务状况。编制资产负债表预算应以资产负债表期初数为基础,同时充分考虑利润表预算、现金流量表预算的相关数据对资产、负债、所有者权益期初数的影响。表 6-17 为元鸿酒店资产负债表预算。

表 6-17

元鸿酒店资产负债表预算

单位:元

资 产		负债与所有者权益	
库存现金	11 440	应付账款	4 640
应收账款	14 400	实收资本	28 300
库存材料	3 100	未分配利润	33 000
固定资产	45 000		
减:累计折旧	8 000		
固定资产净值	37 000		
资产总额	65 940	负债与所有者权益总额	65 940

其中，库存现金、应收账款、库存材料、累计折旧、应付账款可以通过之前编制的预算查得。例如：

固定资产期初为 35 000 元，本期增加 10 000 元。

实收资本期初为 28 300 元，本期没有变化。

上期末未分配利润为 16 250 元，本期利润为 32 750 元，本期分配利润 16 000 元，则：

$$本期未分配利润＝16\,250＋32\,750－16\,000＝33\,000（元）$$

最后，需要注意的是，财务预算并不是一经制定就固定不变的。财务预算编制是建立在一系列假设及估计的基础上，因此预算存在一定的局限性。在推行预算过程中如果出现较大差异时，就应对财务预算作适当修正，以提高财务预算的合理性、客观性和正确性，发挥财务预算在企业经营管理中的作用。

借鉴与案例

财务预算管理的五大漏洞

漏洞一：臆造预算数据，虚报支出预算

如某个项目决算时其金额为 1 000 万元，但原来预算却编报了 2 000 万元。从预算编报环节来看，类、款、项都很详尽，但与真实的决算一对照，臆造预算数据的问题就立即显现出来了。这就反映出在核算编报的细化问题上必须把握住两个方面：一是类、款、项的细化问题；二是"项"上数据是否科学和真实的问题。

臆造预算数据，虚报支出预算的原因是：我们目前的管理从一定程度上说还是粗放型的，粗放的惯性作用还没有得到根本克服,有些预算缺少科学依据,有的甚至是拍脑袋得出来的标准;还有一些单位和部门受小团体利益驱使,就是想在预算中埋一些机动资金,有意搞"模糊数学"。例如,住房公积金是根据工资的一定比例提取的,很容易计算,但不少单位这个数字都出了偏差。有个单位几年累积下来竟然多提取了二三亿元。

漏洞二:编报不客观的收支平衡预算

我国目前的预算大都是收减支等于零的预算。但事实上这种预算并不一定科学。如果一个单位完全依靠财政资金办事、吃饭,收减支等于零,不余也不缺,这从一般意义上来说是正常的。但是对于一个有自主收入,且自主收入较多、财政拨款比较少的单位来说,为了不体现出有盈余,它会坚持编制收支平衡预算的规定,刻意加大支出预算的编制,结果是年终结余不断增加,脱离了预算控制。这种预算就编制得不科学,也不能称得上是平衡的预算。如在审计中就发现某个单位的收入一年增加十亿元左右,几年间增加至七八十个亿,但仍在年年编制零结余预算。这就不正常了。

分析编报虚假收支平衡预算的情况,主要有两种:一是在收不抵支的情况下,有些单位会刻意多列收入,或刻意少列支出。这种问题形成的主要原因有二:一是有的实行责任制管理的单位,每年收入均达不到预期指标要求,只好做假账应付;二是收大于支的情况,这种情况比较普遍,编预算时刻意把收入预算编小。这样做的结果导致国家财政对预算单位的财力估算不准。

漏洞三:在预算执行中未执行项目支出预算

第一种情况是部分项目单位完全不执行项目预算;第二种情况是在某一个项目中部分小项未执行;第三种情况是项

酒店会计实务直达车

目跨年度未作滚动管理;第四种情况是行政事业类项目调整为日常公用项目支出;第五种情况是行政事业类项目调整不报财政部门审批和备案。

漏洞四:在预算执行中超预算支出

一是行政类项目超支;二是基本支出超支。项目支出超支的情况比较常见,主要表现为单个项目超支,所有项目总计保持与预算平衡,这也是不允许的。这种情况,从审计角度看,是一种支出不真实的表现:A超支,B结余,C结余,D超支,再相互抵补,然后体现总体收支平衡。谁相信这种偶合呢?这也是缺少对预算各项目的细化所导致的。基本支出超支,这种情况不算多,但是也在一定范围内存在。

漏洞五:在预算执行中留有大量结余

年初预算是平衡的,但到年终有大量的结余留下来,预算与执行结果不一致。形成这种现象的原因是复杂的。表层的原因是预算编报与预算批复的过程(一级往二级批)留下的弊端。从深层次来看,原因之一是预算管理中体制和机制不健全;原因之二是对预算法的理解和执行不到位。关于预算法执行是财政部和审计署反复强调的问题,但时至今日还有不少违反预算法的现象。在法律与单位利益发生冲突的时候,价值取向偏离是形成问题的一个重要因素。

(资料来源:人民网,2006.8.8,http://politics.people.com.cn/GB/1026/4676286.html)

参 考 文 献

[1] 方伟群. 酒店财务管理操作实务[M]. 北京:中国旅游出版社,2008.

[2] 宋雪鸣,费志冰. 饭店财务运转与管理[M]. 北京:高等教育出版社,2008.

[3] 赵英林,李梦娟. 酒店财务管理实务[M]. 广州:广东经济出版社,2006.

[4] 徐哲,刘雅漫. 旅游饭店会计[M]. 北京:电子工业出版社,2007.

[5] 林小岗,吴传钰. 餐饮业成本核算[M]. 北京:旅游教育出版社,2007.

[6] 程旭东. 现代饭店管理[M]. 北京:人民邮电出版社,2006.

[7] 李晨辉. 酒店经理案头手册[M]. 深圳:海天出版社,2007.

[8] 皮平凡. 酒店餐饮篇[M]. 广州:广东经济出版社,2000.

[9] 章洁. 现代宾馆(饭店)总经理必读[M]. 北京:蓝天出版社,2005.

[10] 陈玉菁. 会计业务速成指南[M]. 大连:东北财经大学出版社,2008.

[11] 苏伟伦. 宾馆酒店经营管理[M]. 北京:中国纺织工业出版社,2001.

［12］方伟群，张文伟，等.东方嘉柏酒店管理模式［M］.北京：中国旅游出版社，2005.

［13］赵永秀.经济性酒店部门营运［M］.北京：中国时代出版社，2008.

［14］饶雪梅.酒店餐饮管理实务［M］.广州：广东经济出版社，2007.

［15］徐文苑，贺湘辉，章建新.酒店餐饮管理实务［M］.广州：广东经济出版社，2005.

［16］梁显治，尹志安.酒店会计——国际酒店统一会计制度精解［M］.北京：经济科学出版社，2007.

［17］陈玉菁.财务管理［M］.北京：中国人民大学出版社，2008.

［18］蔡凤乔.酒店会计实务［M］.南昌：江西人民出版社，2007.

［19］林红梅，韦统翰.酒店客房管理实务［M］.广州：广东经济出版社，2007.

［20］李红，韩立军.饭店财务管理简明教程［M］.上海：上海财经大学出版社，2008.

［21］詹益政.酒店餐饮经营实务［M］.广州：南方日报出版社，2002.

［22］许群，王国生.简单轻松学旅游、饮食服务企业会计［M］.北京：中国市场出版社，2008.

［23］马润洪，梁智.饭店财务管理［M］.北京：旅游教育出版社，2001.